알기 쉬운

중소기업 ESG

알기 쉬운
중소기업 ESG

위기의 시대, 새로운 기회로 만드는 중소기업 ESG 입문서!

현창호 · 강재선 · 김인진 · 김택민 · 배광득 지음

좋은땅

머리말

자본주의라는 경제이념은 긍정적으로나 부정적으로 광범위하게 사회·환경에 많은 영향을 미쳤습니다. 자본주의의 근간인 시장과 비즈니스의 창의성과 역동성은 사회발전에 많은 기여를 했습니다. 그럼에도 불구하고 자본주의는 환경적으로나 사회적으로 지속가능하지 않은 손실을 초래한 것도 사실입니다.

2020년 에델만 트러스트 지표에 따르면 조사에 참여한 56%가 '자본주의가 득보다 실이 더 많다'고 믿고 있다고 나타났으며, 이러한 불신으로 세계 각계각층의 사람들이 자본주의에 대해 근본적인 개선을 요구하고 있습니다.

현 자본주의를 재편하기 위해 글로벌 산업계의 Vision2050은 '2050년 90억 이상의 인구가 지구위험한계 내에서 충족한 삶을 영위'할 수 있도록 이해관계자 중심의 자본주의로 전환하고, 장기적 전략을 통해 성장을 도모하도록 경제 시스템의 전환을 주도하고 있습니다.

이러한 변화의 물결 속에 2021년 중소벤처기업진흥공단에서 우리나라 중소벤처기업의 ESG 대응수준 및 애로사항을 파악하기 위해 설문 조사를 하였으며, 58%의 중소기업이 ESG 경영 준비의 필요성에 공감하고 있으나, 단지 26%의 기업만이 ESG 경영을 준비하고 있는 것으로 나타났습니다. 또한 중소벤처기업의 ESG 도입 시 애로사항으로 비용부담(37%) 및 전문인력 부족(23%)이 가장 큰 어려움이라 응답하였습니다. 국내 중소벤처기업의 ESG 경영 현실은 매우 척박하며, 눈앞의 매출과 이익을 고려하면 선뜻 투자로 이어지기 어려운 상황입니다.

『알기 쉬운 중소기업 ESG』는 중소벤처기업의 ESG 경영 추진을 위한 가이드를 제시하기 위하여 ESG 전문 컨설턴트들이 모여 집필하였습니다. 이 책은 중소벤처기업에게 ESG 경영에 과도한 투자비용이 발생하지 않는 범위 내에서 ESG 대응역량을 강화할 수 있도록 중소벤처기업부가 발표한 ESG 체크리스트를 심층 분석하여 대응방안을 제시하였습니다.

이 책을 통해 중소벤처기업이 변화의 대상이 아닌 주체로 나서 환경과 사회 변화에 기여할 수 있기를 바랍니다.

저자들을 대표하며,

오르다경영협동조합 현창호 드림

목차

4장

ESG, 어떻게 활용하나

5장

ESG 사례

1장

ESG,
새로운 성장 동력

1. ESG 개념

요즘 'ESG'라는 단어는 어디를 가든지 듣게 되는 흔한 용어가 되었고, 우리 사회에서 가장 뜨거운 이슈 중 하나로 부상하게 되었다. 앞으로의 기업은 그 규모를 막론하고 ESG 개념의 도입 없이는 경영을 지속할 수 없는 시대가 된 것이다. ESG란 Environment(환경), Social(사회), Governance(지배구조)의 영문 첫 글자를 조합한 단어로, 기업 경영에서 지속가능성(Sustainability)을 달성하기 위한 3가지 핵심 요소를 말한다. 과거 기업의 가치는 재무제표와 같은 단기적·정량적 지표에 의해 주로 평가되어 왔던 데 반해, 전 세계적 환경 위기에 직면한 최근에는 ESG와 같은 비재무적 가치의 중요성이 더욱 증대되고 있다. ESG와 밀접한 연관이 있는 용어인 "지속가능성"에 나타나 있듯이 ESG는 기업가치에 중·장기적인 영향을 미친다. 그리고 그 중요성은 이미 단기적인 재무성과를 뛰어 넘어서고 있다. 환경, 사회적 가치를 중시하는 방향으로 변화될 전 세계적인 패러다임 전환하에서, ESG는 기업의 장기적인 생존과 성장에 직결되는 핵심적인 가치로 자리매김하고 있는 것이다.

ESG의 구성 요소

ESG를 환경, 사회, 지배구조의 세 가지 하위 요소로 나눠 살펴보면, 먼저 환경에서 가장 핵심적인 사안은 기후 변화와 이에 따른 탄소 배출 관련 이슈이다. 인류의 지속가능성과 생존을 위해 앞으로 기업은 과감한 탄소배출 절감, 한발 더 나아가 탄소 제로화를 추구해야만 하는 상황에 직면하고 있다. 이와 함께 환경오염 완화를 위한 자원 및 폐기물 관리, 더 적은 에너지와 자원을 소모하는 에너지 효율화도 중요한 이슈로 떠오르고 있다. 사회 측면에서는 기업이 인권 보장, 데이터 보호, 다양성 고려, 공급

ESG의 개념과 세부 요소

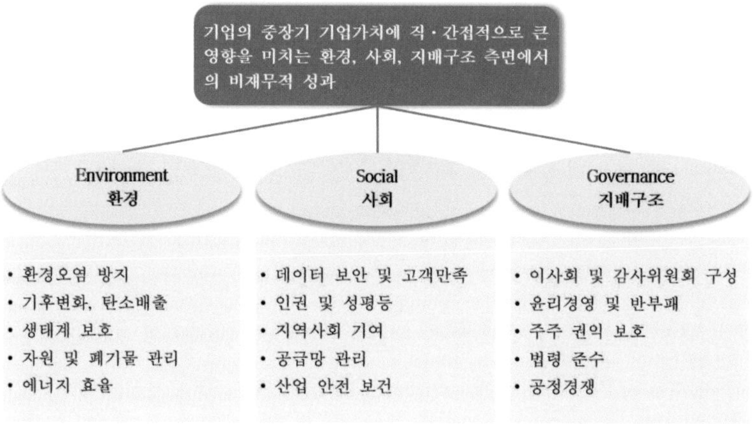

출처 : 삼정KPMG 경제연구원

망 및 지역사회와의 협력관계 구축에 힘써야 한다. 끝으로 지배구조 측면에서는 이러한 환경과 사회 가치를 기업이 실현할 수 있도록 투명하고 신뢰성 높은 이사회 구성과 감사위원회 구축이 필요하다. 또한 뇌물이나 부패를 방지하고 로비 및 정치 기부금 활동에서 기업 윤리를 준수함으로써 높은 지배구조 가치를 확보할 수 있다.

기업 경영 활동의 새로운 패러다임인 ESG

ESG 개념이 도입되는 지속가능 경영에서는 기업의 재무적 성과와 함께 비재무적 성과를 함께 달성해야만 기업의 가치가 극대화될 수 있다. 지금까지 기업들은 기업가치 제고를 위해 재무적 관점에서 크게 2가지 경영활동을 해 왔다. 첫 번째 경영 활동은 경영전략 수립으로 기술 혁신, 제품·서비스 혁신, 조직역량 강화와 투자 등을 통해 매출과 이익을 극대화해 왔다. 두 번째는 이러한 경영전략 활동에 따른 경영성과를 손익계산서, 대차대조표 등과 같은 재무제표를 통해 자본시장에 공시하는 것이다.

ESG도 마찬가지로 2가지 경영활동으로 구분할 수 있다. 첫째 ESG 관점에서 경영전략을 수립하고, 둘째 ESG 성과를 지속가능경영보고서 공시 등을 통해 시장 이해관계자들과 커뮤니케이션 하는 것이다. 결국, 기업은 기존 재무적 관점의 경영활동과 더불어 비재무적(ESG) 경영활동도 함께 균형을 가지고 전개해야만, 기업가치가 증대되며 지속가능해지는 것이다. 결국 ESG 경영이란 "ESG 경영전략"과 "ESG 정보공개"로 구분될 수 있고, 이러한 경영 활동을 통해서 기업가치를 제고하는 개념이다.

재무적·비재무적 성과의 통합을 통한 기업가치의 패러다임 전환

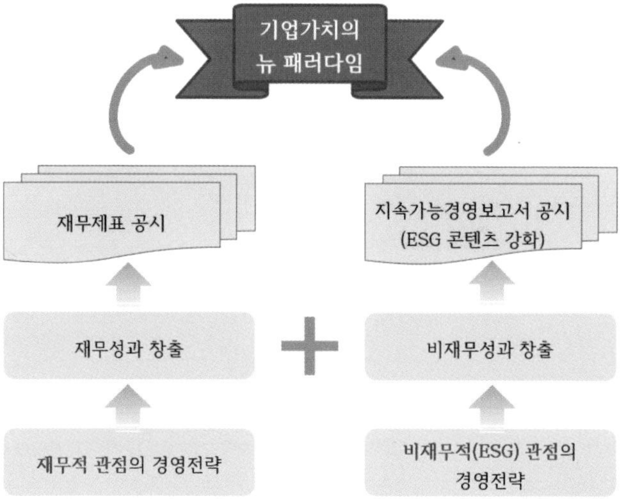

출처 : 삼정KPMG 경제연구원

기업의 신뢰도 및 투자 기준으로 부상하는 ESG

기업의 대외 신인도 및 투자 유치에 ESG 경영이 부각되면서, ESG 평가가 기업 평가의 새로운 대세로 부상하고 있으며 관련 생태계가 구성되고 있다. ESG 성과 평가를 위한 다양한 평가지표가 제시되고 있는데, 세계 최대 자산운용회사인 블랙록(Block Rock)의 2019년 보고서에 따르면 ESG 평가지표는 전 세계에 1천여 개 이상이 존재하는 걸로 알려져 있다. 아울러 평가를 위한 다양한 글로벌 기관들이 활동하고 있는데, SASB,

GRI 등은 ESG 평가 기준을 제정하고, MSCI, KCGS 등은 평가를 시행하며, 블룸버그, CDP 등은 ESG 관련 데이터 제공 및 통합하는 역할을 하고 있다.

ESG 평가 관련 글로벌 주요 기관

기관 유형		기관명
평가 기관	기준제정 기관	SASB(**S**ustainability **A**ccounting **S**tandards **B**oard) 지속가능회계 기준위
		GRI(**G**lobal **R**eporting **I**nitiative) 지속가능보고서 국제기구
		ISO(**I**nternational **O**rganization for **S**tandardization) 국제표준화 기구
	평가시행 기관	MSCI ESG Research(모건스탠리 ESG 평가기관)
		Sustainalytics(지속가능평가기관)
		ISS(**I**nstitutional **S**hareholder **S**ervices Inc)
		Vigeo Eiris(무디스의 자회사로 ESG 인증평가)
		Thomson Reuters/Asset4(로이터 통신그룹의 자산평가)
		KCGS(한국기업지배구조원)
데이터 기관	데이터 통합기관	Bloomberg(경제전문 뉴스)
		Morningstar(글로벌 투자리서치 전문회사)
	특화된 데이터 제공기관	Trucost(영국 환경데이터 분석회사)
		RepRisk(ESG 데이터사이언스 기업)
		TruValue Labs(AI 기반 ESG 데이터 제공 실리콘밸리 기업)
		CDP(**C**arbon **D**isclosure **P**roject) 탄소정보공개프로젝트

출처 : BlackRock 2019

ESG, CSR, CSV의 차이점

ESG를 종종 CSR(Corporate Social Responsibility)과 혼동하는 사람들이 있다. 환경, 사회, 지배구조 등을 다루는 ESG의 개념이 사회적 가치 실현을 추구하는 CSR과 비슷해 보여서다. 두 개념을 같은 의미로 받아들인다면 ESG의 개념을 실제보다 제한하는 오류를 범할 수 있다. CSR은 환경 오염, 빈부 격차, 계층 갈등 등 산업화 과정에서 나타난 시장 실패에 대한 기업의 책임론에서 등장한 개념이다. 기업은 CSR을 실천하며 좋은 평판을 쌓고, 평판을 활용해 이윤을 창출한다. 이에 비해 ESG 가치를 추구하는 기업은 이윤 등 재무적 성과뿐만 아니라 환경, 사회, 재무구조 등 비재무적 성과까지 기업 경영의 목표로 삼는다. ESG 가치를 실현하는 방향으로 투자 계획을 세우고, 조직 구조를 바꾼다. CSR이 기업 경영의 한 요소였다면 ESG는 기업 경영 그 자체를 의미한다고 할 수 있다.

ESG와 CSR을 가장 확실히 구분하는 지점은 지배구조(G)다. ESG는 사회적 가치 실현을 위한 '지배구조의 투명화'를 추구한다. 예컨대 CSR에서는 사회적 책임을 다하기 위해 쓰레기 줍기 캠페인 등 사회 공헌 활동을 했다면 ESG는 기업 내 환경경영 정보를 공시하고 제조 과정을 친환경 공정으로 개선한다. CSR이 기업 외부에서 사회적 약자를 지원했다면 ESG에선 직장 내 양성평등, 노사관계, 채용, 공급망 관리 등 기업 경영 전반에 사회적 가치를 연동한다. 또한 ESG는 기업 투자의 지표가 되는 반면, CSR은 투자 결정 과정에서 부차적인 요소로 간주되는 것이 다르다.

CSR과 유사하면서도 미세한 차이가 있는 개념이 CSV(Creating Shared Value)이다. CSV는 하버드 비즈니스 스쿨의 교수인 마이클 포터가 정립한 것으로, '기업들이 사회 문제 해결을 통해 경제적 성공을 함께 달성하는 새로운 방법'이라고 정의하고 있다. CSV는 이미 창출된 가치를 공유하는 것이 아니라 새로운 가치를 창출해서 이를 공유하는 것에 초점을 두고 있으며, 기업 경영 시 이윤 추구와 같은 기업 본연의 가치와 사회 가치를 동시에 추구해야 함을 강조하고 있다. 사회적 책임이 기업 본연의 경영활동과 함께 이루어진다고 보는 측면에서 CSR보다 기업의 사회적 책임을 강하게 주장한다. 그러나 CSV가 기존의 CSR 연구에서 나온 개념과 별반 다를 것이 없으며, 전략적 CSR의 한 유형에 불과하다는 시각도 존재한다.

ESG과 CSR의 비교

	ESG	CSR
의미	기업 경영 전반에 환경, 사회, 지배 구조 가치 도입	기업의 사회적 책임 실현을 위한 부가 활동
실행방법	기업 경영 및 재무 활동 ESG 가치 연동	봉사, 기부 등 사회 공헌 활동
효과	투자자 신뢰 형성, ESG 지수 상향을 통한 기업가치 제고	기업 평판 향상

2. ESG 등장 배경

ESG가 최근 최대 이슈로 부상하는 이유가 무엇일까. 왜 우리는 ESG에 주목하고 있는가. ESG가 하면 좋고 안 해도 무방한 선택적 상황에서 더 이상 안 하고 버티기 힘든 의무적 상황이 된 데에는 이유가 있다. 특히 기업들이 반드시 ESG 경영을 해야만 하는 사회적 분위기가 조성된 데는 몇 가지 촉매제가 있었다. 유럽을 비롯해 ESG 공시를 의무화하는 나라가 늘어나고 글로벌 기업들이 협력업체에게 탄소 감축 목표를 제시하면서 ESG를 시행하지 않으면 기업들의 수출과 투자 유치가 힘든 상황이 성큼 도래한 것이다.

글로벌 투자회사의 ESG 관심 고조

기업들에게 위기감과 충격을 준 계기는 세계 최대 자산운용사 블랙록의 래리 핑크 최고경영자가 꺼내 든 연례서한이었다. 래리 핑크 회장은 2020년 1월, 주요기업 CEO에게 ESG 성과를 관리하라는 서한을 보냈다. 앞으로는 기후변화와 지속가능성을 투자의 최우선 원칙으로 삼겠다는 메시지와 함께 석탄 화석연료 기업에는 투자하지 않겠다고 선언했다. 2021년에는 개별 기업들이 넷 제로(Net Zero)를 실천할 수 있는 계획을 공개하라고 촉구했다. 넷 제로는 온실가스 배출량과 제거량을 합해 순배출량이 0인 상태를 말한다. 핑크 회장의 선언은 기업들에게 커다란 압박으로 다가왔다. '월가의 큰 손' 블랙록의 투자 리스트에서 배제되면 상당한 경영 타격이 우려되기 때문이었다. 많은 기업들이 블랙록의 지침을 충족하기 위해 ESG 전략을 세우고 조직을 정비하기 시작했다. 비단 미국 기업뿐 아니라 한국 기업들에게도 충격파가 고스란히 전해졌다. 핑크 회장이 ESG를 강조하는 배경에는 우선 대형 연기금을 의식했다는 점을 들 수 있다. 영국, 독일, 프랑스 등 주요 선진국 연기금들은 ESG 철학을 그들의 자금 운용 전략에 접목하기 시작했다. 긴 안목에서 투자 의사결정을 내리는 연기금은 '지속가능한 투자'에 자연스럽게 눈을 떴다. 친환경·사회적 책임과 관련한 투자에 방점을 뒀고, 스튜어드십 코드를 적용해 기업의 지배구조 개선을 유도했다. 둘째로 기업들이 선한 영향력을 키울수록 지속가능성을 높일 수 있다는 점에 주목했다. ESG 성과가 탁월한 기업에 투자하는 게 장기 투자수익률을 제고할 수 있다고 판단한 것이다. 환경이나 사회적 책임을 간과했다가 시장에서 퇴출되는 기업의 사례가 심심찮게 불거지는 상황에서 투자 리스크를 해소하기 위한 카드로도 적절했다.

블랙록뿐 아니라 많은 투자회사와 은행들도 ESG 기업에 본격적으로 무게를 싣기 시작했다. 유럽계 주요 자산운용사나 투자회사들은 골드만삭스, BNP파리바, HSBC 등 대형 투자은행들에게 '탄소 배출 기업에 대한 자금 지원을 중단하고 친환경 대출을 확대하라'는 서신을 2021년 4월에 전달했다. 기업들의 자금줄을 쥔 투자은행들을 압박하는 것이 기후변화 성과를 끌어올리는 데 효과적이라는 판단에서다. 이처럼 ESG는 투자자를 중심에 두고 기업으로 확산되는 구도를 보여 주고 있다.

주주 자본주의의 위기와 이해관계자 자본주의의 도래

그러면 왜 전 세계 많은 투자자들이 기업의 기후 변화 대응, 사회적 가치 및 건전한 지배구조 추구 등 지속가능성을 강조하면서 이를 무시하는 기업에는 투자하지 않겠다고 나서는 것일까? 이제까지 기업들은 눈앞의 이익만을 추구한다고 비판의 대상이 되어 왔지만, 나름대로 자본주의 체제하에서 사회적 규칙을 준수하면서 이윤 극대화를 추구하여 왔다. 또한 자신의 이익을 위한 것이지만 소비자의 가치 창출, 우수인력 발굴, 질 좋은 협력업체 확보에도 노력을 기울이면서, 자본주의 체제는 과거 200년간 전 세계를 지배하는 경제 체제로 자리 잡을 수 있었다. 특히 시장 효율성과 기업의 경제적 자유를 강조하는 신자유주의가 가져온 풍요는 자본주의의 긍정적 역할에 지대한 기여를 한 것이 사실이다.

그러나 아이러니하게도 사회주의 체제가 붕괴한 이후에 자본주의의 위기도 시작됐다. 기업을 잘 경영하도록 유도하기 위해 경영자에게 기업 이윤 및 주가와 연동된 연봉 또는 스톡옵션을 부여하는 보상 시스템이 도입되었으나, 이런 제도들이 별 효과가 없는 것으로 판명되었고 심지어 경영자들을 단기 성과주의로 몰고 간 결과를 초래하게 되었다. 또한 주주 가치를 극대화한 대가로 경영자들이 받는 대우는 갈수록 좋아지게 된 반면에, 경영자와 근로자의 소득 격차는 지난 몇십 년간 더 커지게 되었고, 계층 간 소득 불평등은 더욱 심화되었다. 특히 2008년 금융위기는 이러한 현 자본주의 체제의 문제점을 인식시켜 준 결정적 계기가 되었다. 금융기업의 비윤리적인 비즈니스로 인해 서브프라임 모기지 사태가 일어나고 금융권 전체의 위기로 확산하면서 전 세계적으로 모든 기업과 가계가 큰 어려움을 겪어야만 했다. 그럼에도 이 사태에 책임이 있는 금융기업들은 구제 금융을 받아 회생했으며, 특히 경영자들은 그 와중에 막대한 보너스를 챙기는 등 도덕적 해이를 보여 줬다. 가뜩이나 자본주의 체제에 불만과 불신이 날로 커지는 상황에서 발생한 금융위기로 인해 자본시장과 투자자, 대기업과 경영자들은 전방위적으로 쏟아지는 비판에 직면하게 된 것이다.

자본주의가 심각한 위기에 직면하자 자본시장과 재계의 리더들은 위기의식을 느끼고 여러 가지 변화를 주도하였다. 그리고 이 변화의 중심에 ESG가 있는데, ESG와 연관되어 중요하게 언급되는 개념이 "이해관계자 자본주의"다. 여기서 이해관계자란 기업의 경영활동에서 투자의 주체인 주주뿐 아니라 고객, 기업 내 임직원, 공급망과 관련된 협력사, 지역사회, 환경 등을 모두 포함한 개념이다. 이해관계자 자본주의가 본격적으로 대두된 것은 글로벌 금융 위기 이후 자본시장과 대기업이 쏟아지는 비판에 직면하게 되면서부터다. 주주 가치 극대화만 추구하는 주주 자본주의가 자본주의의 위기를 낳았다는 문제의식이 일어나며, 주주뿐 아니라 기업과 관계된 모든 이해관계자의 이익을 고려해야 한다는 새로운 목표가 대세를 이루게 됐다.

즉, 이해관계자 자본주의란 기업의 모든 이해관계자의 이익을 위해 활동하는 시스템을 말한다. 주주는 투자를 통해 수익 배당의 극대화를 바라고, 고객은 기업으로부터 저렴하고 질 좋은 제품을 원한다. 기업의 직원들 입장에서는 이윤 창출을 통해 복지와 고용안정, 임금 상승 등을 원하고, 협력사는 모기업과의 지속적이고 안정적인 거래를 바란다. 또한 지역사회 입장에서는 기업이 다양한 사회공헌 활동을 통해 지역사회 발전에 기여하기를 원하고, 환경 측면에서는 기업이 제조활동에서 발생할 수 있는 생태계 파괴나 자원의 고갈 문제 등을 최소화하기를 기대한다. 이처럼 기업 경영에 있어서 이해관계자가 누구냐에 따라 각자의 요구사항은 다를 수밖에 없다. 이 시스템 하에서 기업의 목적은 장기적 가치를 창출하는 것이며, 이해관계자들의 희생을 바탕으로 이윤(주주 가치) 극대화를 추구하는 것이 아니다. 모든 이해관계자의 이익을 충족시키는 것이 모든 기업의 장기적 성공과 건강에 필수적이라고 믿기 때문에, 이해관계자 자본주의는 단지 윤리적 선택이 아니라 합리적인 비즈니스 선택으로 받아들여졌다.

이해관계자와 니즈

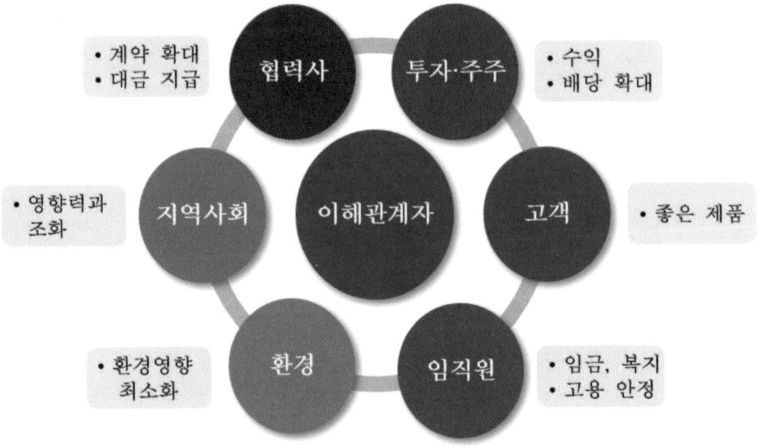

출처 : 한국ESG연구원

ESG 개념의 발전 과정

ESG의 개념과 용어는 2000년대 초반에 본격적으로 사용되기 시작하였으나 유사한 움직임은 1970년대부터 시작되었다. 1972년 로마클럽의 보고서 「성장의 한계」에서 인구, 환경, 자원, 식량 등의 문제로 성장이 정체될 위기에 대해서 제기하였고, 이후 유엔을 중심으로 지속가능한 발전에 대한 논의가 계속해서 이루어졌다. 전 세계적인 차원에서 지속가능 발전이 의제로 등장한 배경에는 1987년에 유엔환경계획(UNEP)와 세계환경개발위원회(WCED)가 공동으로 채택한 「우리 공동의 미래(Our Common Future)」라는 보고서가 있다. 당시 브룬틀란트 노르웨이 환경부 장관이 주도했다고 해서 「브룬틀란트 보고서」로도 불리는 이 보고서에는 지속발전 가능을 '미래세대에게 필요한 자원과 잠재력을 훼손하지 않으면서, 현 세대의 수요를 충족하기 위해 지속적으로 유지될 수 있는 발전'으로 정의한다. 그리고 인류가 빈곤과 인구증가, 지구온난화와 기후변화, 환경파괴 등의 위기에 직면해 앞으로 대재앙이나 파국을 맞이하지 않고도 경제를 발전시키기 위해서는 지속가능발전으로의 패러다임 전환이 필요하다고 주장했다. 그리고 이후 유엔환경계획은 1992년 브라질 리우 회의에서 '리우선언'을 채택하게 되는데, 이 리우회의에서 ESG의 환경영역의 기반이 되는 세계 3대 환경협약인 기후변화협약, 생물다양성협약, 사막화방지협약을 신설했다.

1997년에는 유엔환경계획(UNEP)와 미국 환경단체 CERES가 주축이 되어 GRI(Global Reporting Initiative)를 설립하였는데, 이 기구는 기업의 지속가능보고서에 대한 가이드라인을 제시하는 비영리단체이다. GRI는 2000년 첫 번째 가이드라인(G1)을 발표한 데 이어 수차례의 개정을 거쳐 2016년에는 GRI 표준(GRI Standards)을 정립하였다. GRI 표준은 경제, 사회, 환경 부분으로 나누어 기업이나 기관의 지속가능성을 평가하기 위한 지표를 제시하고 있으며, 현재 전 세계에서 1만 5천 개 이상의 기관이 GRI 가이드라인에 따라 지속가능경영보고서(ESG 보고서)를 발간하고 있다.

ESG라는 용어가 공식적으로 제시된 것은 2005년 UNGC(유엔글로벌콤팩트)에서다. UNGC에서는 사회 책임 투자에 대한 글로벌 이니셔티브의 설립을 결의했고, 그 결과가 2006년 결성된 UN PRI(**P**rinciples for

Responsible Investment, 책임투자원칙)이다. UN PRI는 ESG 투자의 출발점이 되었으며, 환경, 사회, 지배구조와 관련된 이슈를 투자 정책 수립 및 의사결정, 자산 운용 등에 고려한다는 원칙을 발표했다. UN PRI에는 우리나라 국민연금을 포함해 전 세계 3,600개 이상의 투자사 및 투자기관이 가입되어 있다. UN PRI는 금융투자원칙으로 ESG를 강조했다는 점에서 현재 기업 경영에서 강조되는 ESG 프레임 워크의 초석을 제시한 것으로 간주할 수 있다.

UN PRI 6대 책임투자원칙

1	투자 분석 및 의사 결정 과정에 있어 ESG 이슈를 반영한다.
2	적극적인 소유권을 행사하며, 소유권 정책 및 행사에 ESG 이슈를 반영한다.
3	투자 대상 기업의 ESG 이슈가 적절히 공개되도록 노력한다.
4	투자 업계 내에서 책임투자원칙의 도입 및 실행을 증진시킨다.
5	책임투자원칙 이행의 효과를 높이기 위해 협력한다.
6	책임투자원칙 이행에 관한 활동 및 진척 사항을 보고한다.

ESG 관련 또 다른 중요 이벤트는 2017년 기후변화 관련 재무정보공개 태스크포스(TCFD, Task Force on Climate-related Financial Disclosures)에서 발표한 재무정보공개 권고안이다. TCFD는 세계 금융시장을 모니터링 하는 국제기구인 금융안정위원회가 설립한 협의체이다. TCFD는 기후변화와 관련된 리스크와 기회요인을 분석하고, 지배구조, 전략, 리스크 관리, 지표 및 목표의 4가지 측면에서 재무정보공개 권고안을 제시했다.

그러나 무엇보다도 최근 기업의 ESG 경영 논의에 불을 지피게 된 본격적인 계기로 볼 수 있는 이벤트는 바로 2019년에 있었던 BRT(Business Roundtable) 선언이다. BRT는 미국에서 가장 영향력 있는 기업의 CEO들이 참여하는 연례회의인데, 2019년 글로벌 비즈니스 리더들은 기업의 전통적 목적인 주주 이익 극대화 원칙을 폐지하고 모든 이해관계자의 가치가 통합된 새로운 기업의 목적을 선언하게 되었다. 181명의 글로벌 기업 CEO가 서명한 이 선언에는 과거에 주주를 최우선시했던 기업들이 이제는 주주를 포함해서 고객, 직원, 협력사, 지역사회 등 모든 이해관계자의 가치를 고려해야 한다는 내용이 담겨져 있다.

2019년 BRT 선언 : 새로운 기업의 목적

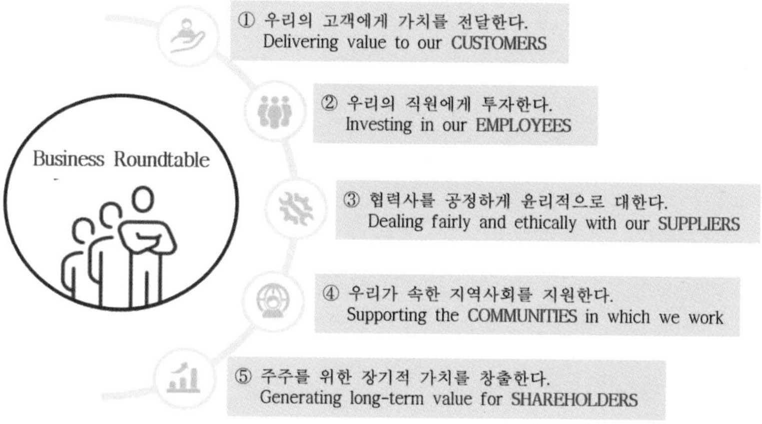

Business Roundtable
① 우리의 고객에게 가치를 전달한다.
Delivering value to our CUSTOMERS
② 우리의 직원에게 투자한다.
Investing in our EMPLOYEES
③ 협력사를 공정하게 윤리적으로 대한다.
Dealing fairly and ethically with our SUPPLIERS
④ 우리가 속한 지역사회를 지원한다.
Supporting the COMMUNITIES in which we work
⑤ 주주를 위한 장기적 가치를 창출한다.
Generating long-term value for SHAREHOLDERS

출처 : BRT선언

2020년 1월 스위스 다보스에서 개최된 세계경제포럼(WEF)에서는 지속가능성과 이해관계자가 핵심 주제로 다루어졌으며, 이어 9월에는 「이해관계자 자본주의 측정」이라는 제목의 지속가능한 가치 측정 가이드라인 백서가 발간되었다. 이 보고서는 KPMG 등 글로벌 회계 법인이 참여해 작성되었으며, 지배구조, 지구, 사람, 번영을 4대 축으로 하여 지속가능성을 측정하기 위한 지표가 제시되었다.

2021년에는 한국의 자본시장을 종합 관장하는 한국거래소(KRX)에서 기업공시제도 개선안을 발표했다. 이 내용 안에는 2025년부터 일정규모 이상의 기업들이 지속가능경영보고서 발간을 의무화하고, 2030년부터는 발간 의무화를 모든 코스피 상장사들로 확대 적용하는 내용이 담겨져 있다. 한국거래소 유가증권시장에 상장하는 기업은 2022년부터 ESG 경영 능력을 심사받게 되며, ESG 공시는 ISSB 국제표준을 따르게 되었다.

타임라인별 ESG 관련 주요 이벤트

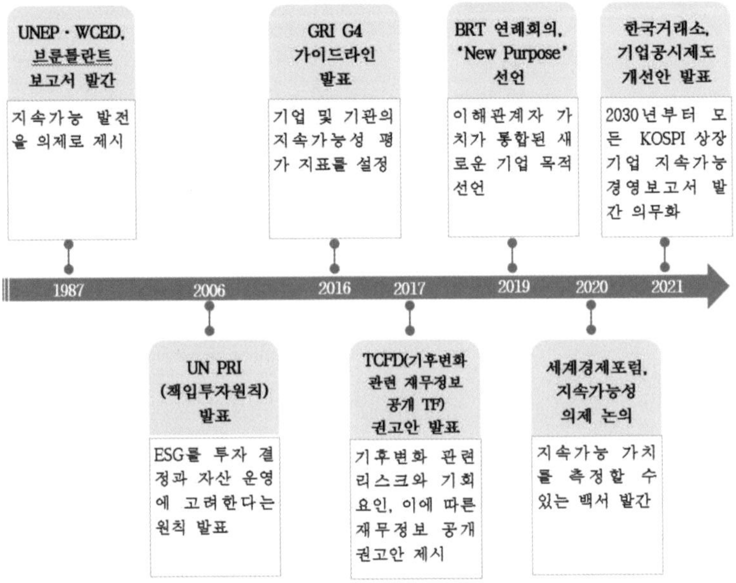
UNEP · WCED, 브룬틀란트 보고서 발간
지속가능 발전을 의제로 제시
GRI G4 가이드라인 발표
기업 및 기관의 지속가능성 평가 지표를 설정
BRT 연례회의, 'New Purpose' 선언
이해관계자 가치가 통합된 새로운 기업 목적 선언
한국거래소, 기업공시제도 개선안 발표
2030년부터 모든 KOSPI 상장기업 지속가능경영보고서 발간 의무화
1987
2006
2016
2017
2019
2020
2021
UN PRI (책임투자원칙) 발표
ESG를 투자 결정과 자산 운영에 고려한다는 원칙 발표
TCFD(기후변화 관련 재무정보 공개 TF) 권고안 발표
기후변화 관련 리스크와 기회요인, 이에 따른 재무정보 공개 권고안 제시
세계경제포럼, 지속가능성 의제 논의
지속가능 가치를 측정할 수 있는 백서 발간

출처 : 삼정KPMG 경제연구원

2장

ESG, 왜 해야 하나

1. ESG 필요성

지난 2세기 동안 기업들은 자본주의 체제하에서 자유로운 시장경쟁을 통해 이윤극대화를 추구해 왔고 이로 인해 세계경제는 괄목할 만한 성장을 해 왔다. 이 과정에서 전체적으로 인류는 과거와 비교할 수 없을 정도로 삶의 수준이 개선되었고 기대수명 또한 크게 늘어났다. 그러나 이런 자본주의의 긍정적인 측면과는 반대로 자본주의는 생물의 개체 수 감소, 이산화탄소 농도 상승, 소득불균형 심화소득불균형 심화, 기후변화와 환경위기 등의 직간접적인 부작용을 가져왔다. 이러한 부작용이 한계수준을 넘어서 지금까지 인류의 번영을 가져다 준 자본주의를 계속한다면 기업들의 지속성장은 물론 인류의 생존까지 위협하는 수준까지 왔다는 인식이 확산되고 있다. 지금부터는 중소기업의 ESG 필요성에 대해 구체적으로 살펴보겠다.

정부기관의 ESG 요구

1987년 발표된 브룬트란트 보고서 이후 UN을 중심으로 추진되어 온 ESG의 개념이 각국의 정부와 기업들의 적극적 참여와 관심을 받게 되었고, 2021년 5월 서울에서 개최된 P4G정상회의에서 서울선언문을 발표 이후 우리 정부도 ESG 경영확산 및 ESG 투자활성화를 위해 '친환경·포용·공정경제로의 대전환을 위한 ESG 확충방안'을 발표하여 정부주도의 ESG 인프라 확충방안 의지를 공표하였다.

○ ESG 공시 의무화

기업의 비재무적인 요소(ESG)가 기업가치 및 경영성과에 직접적인 영향을 줄 수 있다는 공감대가 형성되면서 각국의 정부는 ESG 관련 정보를 기업이 공시하도록 의무화를 추진하고 있다.

EU는 2003년 연차보고서상 회사의 사업과 성과를 이해하는 데 필요한 범위 내 환경, 고용 등의 비재무적 요소를 공시하도록 한 이후 2020년 상장기업에게 단계적 의무화를 도입하였고, 2025년까지 모든 상장사에게 ESG 공시를 의무화하였다. 영국은 2020년 스튜어드십코드를 개정하여 시행하였고, 2025년까지 모든 상장기업이 ESG 정보를 공시하도록 단계적으로 의무화하였다. 미국은 2020년 ESG펀드 포트폴리오가 ESG 목적에 부합하는지 명시할 것으로 의무화하였고, 2021년 6월 미국의 상장기업이 ESG 정보를 의무 공시하도록 하는 'ESG 공시 및 단순화법(The ESG Disclosure and Simplification Act)'이 미국의회 하원을 통과함에 따라 단계적으로 ESG 공시를 의무화하였다. 중국 또한 2020년 홍콩 상장사를 대상으로 ESG 공시 의무화를 발표하였고 2025년까지 금융사는 TCFD(**TCFD** 참고) 기준을 맞춰 ESG 공시를 의무화하였다.

국가별 ESG 공시 의무화 현황

[EU] 2021년 3월부터 ESG 공시 의무대상 확대
• 연기금에서 은행, 보험, 자산운용사 등 금융회사로
[미국] 현재 투자자들이 알아야 할 ESG만 자율 공시
• 바이든 정부 출범 후 ESG 관심 증대 예상
[영국] 2025년까지 모든 기업 ESG 정보 공시 단계적 의무화
2020년 스튜어드십코드 개정 시행
[일본] 2021년 상반기 ESG 공시 방법 마련
2020년 스튜어드십코드 개정 시행

TCFD

설립배경과 목적	TCFD(Task force on Climate-related Financial Disclosures; 기후변화 관련 재무정보 공개협의체)는 기후변화 관련 정보공개 마련을 위해 G20 재무 장관과 중앙은행 총재들이 금융안정위원회(FSB)에 요청하여 2015년에 설립한 협의체
정보공개 권고항목	① 지배구조: 기후변화 관련 이사회의 관리감독 및 경영진의 역할 ② 전략: 장/중/단기 기후변화 관련 리스크 및 기회가 경영 · 재무계획에 미치는 영향 ③ 리스크관리: 기후리스크 식별 · 평가 · 관리절차 및 리스크관리체계 통합 방법 ④ 지표 및 목표치: 기후리스크 및 기회의 평가 · 관리지표, 목표치와 성과

TCFD 지지선언 기업 및 기관현황	기후위험 공시를 의무화하는 국가들이 늘어남에 따라 2021년 12월말 기준 총 86개국, 2,938개 기업·기관에서 TCFD에 대한 지지선언(Supporter)을 했다. 아시아의 가입 기관 수는 1,186개로 가장 많으며, 유럽은 965개 기관이 가입했다. 아시아에서 일본이 가장 활발할 행보를 보이고 있는 가운데, 672개 일본 금융기관 및 비금융기관이 TCFD를 반영하는 등 유럽을 넘어 서서 아시아에서도 기후위험 등을 공시하는 추세이다.
우리나라에서의 TCFD 지지현황	2021. 5. 24. 금융위, 금감원, 예보, 산은, 수은, 예탁원, 금결원, 주금공, 캠코, 증금, 신보, 기보, 무보, 성장금융 등 14개 기관이 TCFD 지지를 선언하는 등 2021년 12월말 현재 87개의 기관이 가입했다. 2022년 9월 중순까지 현대건설, 현대모비스, LG디스플레이, 롯데케미칼, SK바이오사이언스, 카카오 등 38개의 기업들이 신규로 지지를 선언하였다.

TCFD 지지선언 한 기업 · 기관의 수

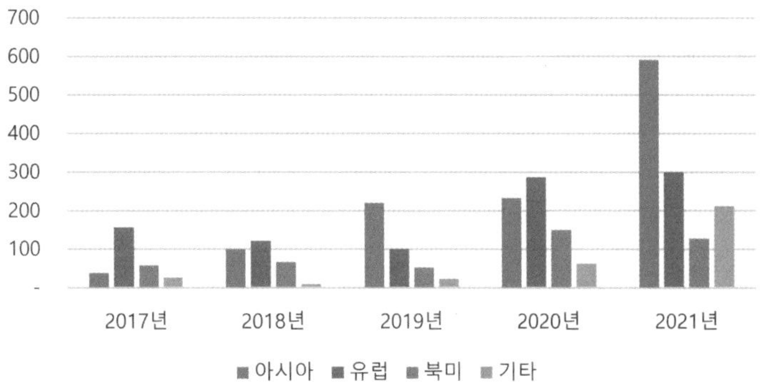

우리나라는 2019년부터 자산총액 2조 원 이상의 코스피 상장사를 대상으로 '기업지배구조보고서(G)'의 거래소 공시를 의무화하였고 2026년부터 전 코스피 상장사로 확대 추진하도록 하였다. 더불어 2021년 1월 14

일 금융 위원회는 ESG 책임투자 활성화를 위한 제도적 기반 조성을 위해 ESG 정보의 자율공시를 활성화하고 단계적 의무화 추진 방안을 발표했다. 이에 따르면 1단계(현재 ~ 2025년)에서는 ESG가이던스를 제시·자율공시를 활성화하고 2단계(2025 ~ 2030년)에는 일정 규모 이상 기업에게 ESG 공시를 의무화하였으며, 3단계(2030년 이후)에서는 전 코스피 상장기업들을 대상으로 지속가능경영 보고서 공시를 의무화한다. 「지속가능경영보고서」는 환경 관련 기회·위기요인 및 대응계획, 노사관계·양성평등 등 사회이슈관련 개선노력 등 지속가능경영 관련 사항을 담은 보고서이다.

우리나라 ESG보고서 공시 의무화 일정

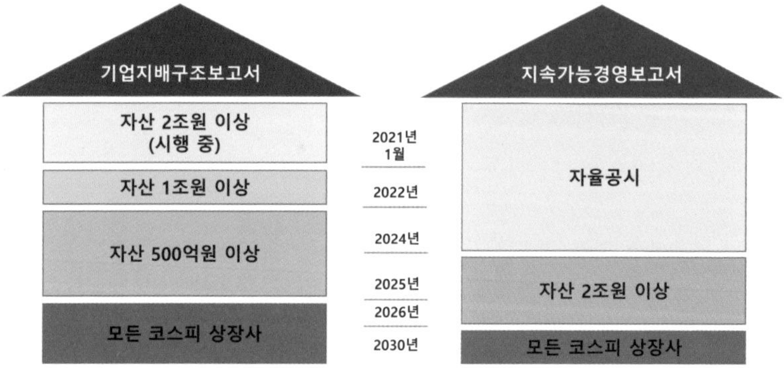

○ 탄소감축에 대한 규제 강화

지구 온난화로 폭염, 폭설, 태풍, 산불 등 이상기후 현상이 세계 곳곳에서 나타나고 있다. 높은 화석연료 비중과 제조업 중심의 산업구조를 가진 우리나라도 최근 30년 사이에 평균 온도가 1.4℃ 상승하며 온난화 경향이 더욱 심해졌다.

국제사회는 기후변화 문제의 심각성을 인식하고 이를 해결하기 위해 기후변화체제가 등장하게 된다. 1992년 유엔환경 개발회의(UNCED)에서 각국 정상이 기후변화협약(UNFCCC)에 서명하면서 시작되어 1997년 교토의정서 채택으로 선진국 중심으로 구체적인 감축의무가 논의되었다. 그러나 최근 기후변화협약은 2015년 파리기후협정을 계기로 모든 국가가 참여하는 보편적인 체제 기조로 전환되어 모든 국가가 지구 평균기온 상승을 산업화 이전 대비 2℃보다 낮은 수준으로 유지하고, 나아가 1.5℃로 억제하기 위해 노력해야 한다는 것이다. 지구의 온도가 2℃ 이상 상승할 경우, 폭염 한파 등 보통의 인간이 감당할 수 없는 자연재해가 발생한다. 상승 온도를 1.5℃로 제한할 경우 생물다양성, 건강, 생계, 식량안보, 인간안보 및 경제 성장에 대한 위험이 2℃보다 대폭 감소한다. 지구온도 상승을 1.5℃ 이내로 억제하기 위해서는 2050년까지 탄소 순배출량이 0이 되는 탄소중립 사회로의 전환이 필요하다.

세계 각국은 2016년부터 자발적으로 온실가스 감축 목표를 제출했고, 모든 당사국은 2020년까지 '파리협정 제4조 제19항'에 근거해 지구평균기온 상승을 2℃ 이하로 유지하고, 나아가 1.5℃를 달성하기 위한 장기저탄소발전전략(LEDS)과 국가온실가스감축목표(NDC)를 제출하기로 합의했다. 스웨덴(2017), 영국, 프랑스, 덴마크, 뉴질랜드(2019), 헝가리(2020) 등 6개국이 '탄소중립'을 이미 법제화하였으며, 유럽, 중국, 일본 등 주요국들이 탄소중립 목표를 선언했다. 조 바이든 미국 대통령 당선인도 취임 직후 파리협정에 재가입하고 2050년까지 탄소중립을 이루겠다고 약속하였다.

- EU(유럽연합) : '그린딜'(2019. 12.)을 통해 2050년 탄소중립 목표 발표
- 중국 : 2060년 이전까지 탄소중립 달성 선언(2020. 9. 22. UN총회, 시진핑 주석)
- 일본 : 2050 탄소중립 목표 선언(2020. 10. 26. 의회연설, 스가 총리)

우리나라는 2020년 10월 28일 국회 시정연설에서 2050 탄소중립 계획을 처음 천명하였고, 2020년 11월 3일 국무회의 모두발언을 통해 "우리도 국제사회의 책임 있는 일원으로서 세계적 흐름에 적극 동참해야 한다"며 "기후위기 대응은 선택이 아닌 필수"라고 강조했다. 이후 2020년 11월 22일 G20 정상회의에서 "2050 탄소중립은 산업과 에너지 구조를 바꾸는 담대한 도전이며, 국제적인 협력을 통해서만 해결 가능한 과제"라면서 "한국은 탄소중립을 향해 나아가는 국제사회와 보조를 맞추고자 한다"고 2050 탄소중립에 대한 한국의 의지를 밝혔다. 이후 2020년 12월 7일 '제22차 비상경제 중앙대책본부회의'를 개최하여 '2050 탄소중립 추진전략'을 확정·발표했고, 2020년 12월 15일 국무회의에서 '2050 장기저탄소발전전략(LEDS)'과 '2030 국가온실가스감축목표(NDC)' 정부안이 확정됐다.

주요 기후협정

협정명	내용
기후변화 협약	① 배경 지구온난화에 대한 과학적 자료가 증가함에 따라 범 지구 차원의 노력이 필요하다는 인식이 확산됨에 따라, UN이 주관하여 1992년도 브라질 리우데자네이루에서 열린 환경회의에서 기후변화에 관한 국제연합 기본협약(UNFCCC)이 채택되어 1994년 3월에 발효됨

② 추진경과

1992년 기후변화협약 채택

③ 목적

지구의 기후시스템에 인류의 활동에 의해 발생되는 위험하고 인위적인 영향이 미치지 않도록 대기 중 온실가스의 농도를 안정화시키고자 함

④ 기본원칙

- 공동의 차별화된 책임 및 부담(선진국의 선도적 역할)
- 개도국의 특수 사정 배려(기후변화 악영향이 큰 국가 등)
- 기후변화의 예방적 조치 시행(과학적 불확실성의 극복 필요)
- 모든 국가의 지속 가능한 성장 보장

⑤ 의무사항

(공통의무사항)

- 온실가스 배출량 감축을 위한 국가전략 수립
- 온실가스 배출량 및 흡수량에 대한 국가보고서 작성 및 제출

(특정의무사항)

- Annex I 국가는 1990년 수준으로 온실가스 감축노력 규정(비구속적)
- Annex II 국가는 개발도상국에 대해 재정 및 기술이전의 의무

⑥ 조직 및 관련기구

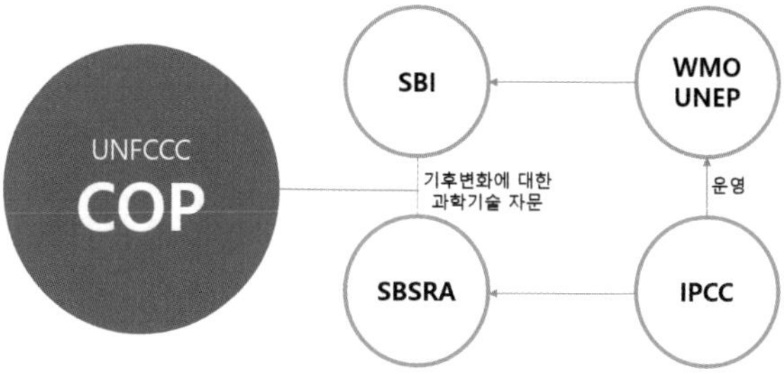

- UNFCCC : UN 기후변화협약
- COP : 당사국총회

<table>
<tr><td></td><td>• IPCC : 기후변화에 관한 정부 간 협의체
• SBI : 이행자문 보조기구
• SBSTA : 과학기술자문부속기구
• WMO : 세계기상기구
• UNEP : 유엔 환경계획</td></tr>
<tr><td>교토
의정서</td><td>① 배경
기후변화협약의 구체적 실천을 위해 1998. 3. 16. ~ 1999. 3. 15.까지 뉴욕의 유엔본부에서 서명을 받아 채택되었고, 그 이후 각 협약 당사국들은 의정서가 발효될 수 있도록 자국의 비준을 위해 노력

② 추진경과
• 1997년 교토의정서 채택
• 2001년 3월 미국 교토의정서 불참 선언
• 2004년 11월 러시아 교토의정서 비준
• 2005년 2월 교토의정서 발효

③ 목적
기후변화협약을 이행하기 위하여 누가, 얼마만큼, 어떻게 줄이는가에 대한 문제를 결정

④ 비준현황
<table>
<tr><th>전문</th><th>발효시기</th><th>비준국가</th><th>우리나라 비준시기</th></tr>
<tr><td>기후변화협약</td><td>1994. 3. 31.</td><td>189</td><td>1993. 12.</td></tr>
<tr><td>교토의정서</td><td>2005. 2. 16.</td><td>153</td><td>2002. 11.</td></tr>
</table>

⑤ 주요내용
• 첫째, 선진국(Annex I)의 구속력 있는 감축 목표 설정
• 둘째, 공동이행, 청정개발체제, 배출권거래제 등 시장원리에 입각한 새로운 온실가스 감축수단의 도입
• 셋째, 국가 간 연합을 통한 공동 감축목표 달성 허용 등</td></tr>
</table>

⑥ 세부사항

• 대상 국가 : 38개국(협약 Annex I국가 40개국 중 '97년 당시 협약에 가입하지 않은 터키, 벨라루스 제외)

• 목표 연도 : 2008년 ~ 2012년

• 감축 목표율 : 1990년 배출량 대비 평균 5.2% 감축(각국의 경제적 여건에 따라 -8 ~ +10%까지 차별화된 감축량 규정)

• 감축대상 온실가스 : CO_2, CH_4, N_2O, HFCs, PFCs, SF_6(6개 종류)

• 온실가스 감축 도입 수단 : 교토메카니즘 도입

※ 교토 메커니즘

선진국이 온실가스 감축의무를 자국 내에서만 모두 이행하기에는 한계가 있음을 인정하여 배출권의 거래나 공동사업을 통한 감축분의 이전(移轉) 등을 통해 의무이행의 유연성을 부여

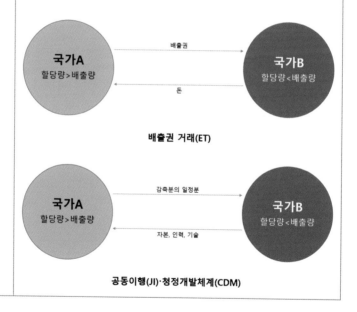

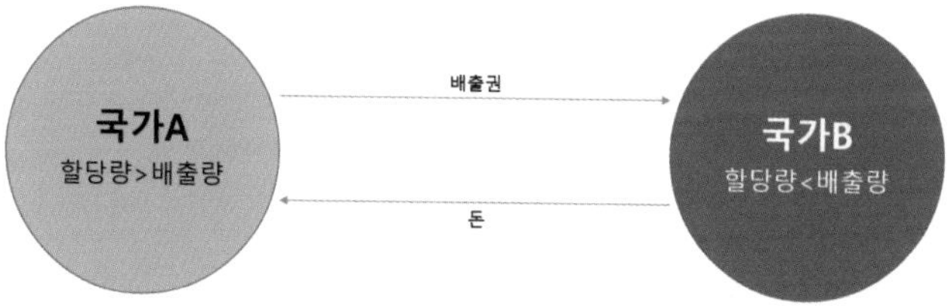

배출권 거래(ET)

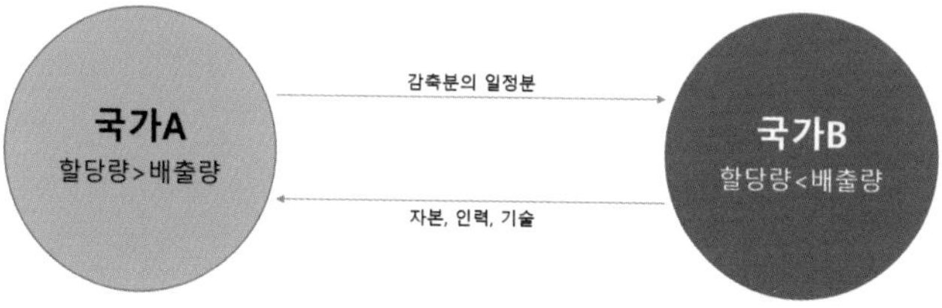

공동이행(JI)·청정개발체계(CDM)

<table>
<tr>
<td>파리
기후협정</td>
<td>
① 배경
• 교토의정서의 한계를 극복하기 위하여 2020년 교토의정서가 만료된 후, 2021년 1월부터 적용되는 교토의정서를 대체할 새로운 종료 시점이 없는 기후변화협정이 필요
• 교토의정서가 온실가스배출량의 감축 등의 효과가 있었으나, 미국, 캐나다 등이 불참하고, 중국, 인도 등이 개발도상국으로 분류되어 감축의무를 지지 않는 등, 감축의무국가가 40여 개국, 전 세계 온실가스 배출량의 22%에 불과하여 새로운 기후체계에 대한 필요성이 꾸준히 제기

② 추진경과
• 2011년 당사국총회(COP)에서 교토의정서 이후의 새로운 체제설립 합의
• 2015년 12월 12일 파리기후협정 채택
• 2016년 10월 197개 당사국 3/4 국가 파리기후협정 비준
• 2016년 11월 4일 발효

③ 목적
전 세계의 온도상승을 2도보다 훨씬 낮은 수준에서 유지하도록 노력

④ 비준현황
(2020. 08. 10. 기준)
<table>
<tr><th>전문</th><th>발효시기</th><th>비준국가</th><th>우리나라비준시기</th></tr>
<tr><td>파리기후협정</td><td>-</td><td>189</td><td>2016. 11. 3.</td></tr>
</table>

⑤ 주요내용
• 지구 온난화로 인한 기온 상승을 산업화 이전 대비 2℃ 아래로 막고 산업화 이전 대비 1.5℃ 이상 기온 상승을 제한하도록 노력
• 기후 변화의 안 좋은 영향으로부터 적응할 수 있는 능력을 늘리고 기후 복원과 적은 온실가스 배출 개발을 돕는 것
• 적은 온실가스 배출과 기후 복원 개발을 향하여 금융경제가 움직이도록 만드는 것
</td>
</tr>
</table>

탄소중립 추진전략

구분	내용
목표	탄소중립 · 경제성장 · 삶의 질 향상 동시 달성
추진체계	• 대통령 직속 민관합동 '2050 탄소중립위원회' 설치 • 산업통상자원부에 에너지 전담 차관 신설
추진전략	① 경제구조의 저탄소화 • (에너지 전환 가속화) 에너지 주공급원을 화석연료에서 신 · 재생에너지로 적극 전환, 송배전망 확충, 지역생산 · 지역소비의 분산형 에너지시스템 확산 • (고탄소 산업구조 혁신) 철강, 석유화학 등 탄소 다배출 업종 기술개발 지원, 고탄소 중소기업 대상 맞춤형 공정개선 지원 등 • (미래모빌리티로 전환) 친환경차 가격 · 충전 · 수요 혁신을 통해 수소 · 전기차 생산, 보급 확대, 전국 2천만 세대 전기차 충전기 보급, 도시 · 거점별 수소 충전소 구축 • (도시 · 국토 저탄소화) 신규 건축물 제로에너지 건축 의무화, 국토 계획 수립 시 생태자원 활용한 탄소흡수기능 강화 ② 신유망 저탄소산업 생태계 조성 • (신유망 산업 육성) 차세대전지 관련 핵심기술 확보, 그린수소 적극활성화하여 2050년 수소에너지 전체의 80% 이상을 그린수소로 전환, 이산화탄소포집(CCUS)기술 등 혁신기술 개발 • (혁신 생태계 저변 구축) 친환경 · 저탄소 · 에너지산업 분야 유망기술 보유기업 발굴 · 지원, 그린 예비유니콘으로 적극 육성, 탄소중립 규제자유특구 확대 • (순환경제 활성화) 지속가능한 생산 · 소비 체계 구축, 산업별 재생자원 이용 목표율 강화, 친환경 제품 정보제공 확대 ③ 탄소중립 사회로의 공정전환 • (취약 산업 · 계층 보호) 내연기관차 완성차 및 부품업체 등 축소산업에 대한 R&D, M&A 등을 통해 대체 · 유망분야로 사업전환 적극 지원, 맞춤형

	재취업 지원 • (지역중심의 탄소중립 실현) 지역 중심 탄소중립 실행 지원, 지역별 맞춤형 전략 이행을 위한 제도적 기반 정비 • 탄소중립 사회에 대한 국민인식 제고 ④ 탄소중립 제도적 기반 강화 • (재정) '기후대응기금(가칭)' 신규조성, 세제 · 부담금 · 배출권거래제 등 탄소가격 체계 재구축, 탄소인지예산제도 도입 검토 • (녹색금융) 정책금융기관의 녹색분야 자금지원 비중 확대, 저탄소 산업구조로의 전환을 위한 기업지원, 기업의 환경관련 공시의무 단계적 확대 등 금융시장 인프라 정비 • (R&D) CCUS, 에너지효율 극대화, 태양전지 등 탄소중립을 위한 핵심기술 개발 집중 지원

출처 : 2050탄소중립 대한민국 정책브리핑

장기저탄소발전전략

구분	내용
별칭	"지속가능한 녹색사회 실현을 위한 대한민국 2050 탄소중립 전략"
목표	지속가능한 녹색사회 실현
탄소중립 5대 기본방향	① 깨끗하게 생산된 전기 · 수소의 활용 확대 • 산업(화석연료 → 전기 · 수소) • 수송(내연기관 → 친환경차) • 건물(도시가스 → 전기화) ② 디지털 기술과 연계한 혁신적인 에너지 효율 향상 • (산업) 고효율기기 보급 확대, 공장 에너지관리시스템 보급, 스마트 그린산단 조성 • (수송) 지능형 교통시스템(C-ITS), 자율주행차(교통사고↓, 효율↑), 드론택 • (건물) 기존 건물 → 그린리모델링, 신규 건물 → 제로에너지빌딩, 발광다이오드(LED) 조명, 고효율 가전기기

	③ 탈탄소 미래기술 개발 및 상용화 촉진 • 미래기술 : 철강 → 수소환원제철/석유화학 → 혁신소재, 바이오플라스틱/전력 → CCUS ④ 순환경제(원료 · 연료투입↓)로 지속가능한 산업 혁신 촉진 • 원료의 재활용 · 재사용(철스크랩, 폐플라스틱, 폐콘크리트) 극대화, 에너지 투입 최소화 ⑤ 산림, 갯벌, 습지 등 자연 · 생태의 탄소 흡수 기능 강화 • 유휴토지(갯벌, 습지, 도시숲) 신규조림 확대, 산림경영 촉진(산림연령↓, 목재이용↑)
부문별 전략	○(에너지공급) 화석연료 발전 중심의 전력공급 체계를 재생에너지와 그린수소 중심으로 전환하고 이산화탄소포집(CCUS) 기술 등을 적극적으로 활용하여 전력부문의 탄소중립을 위해 나아간다. • 태양광과 풍력 등 재생에너지를 중심으로 전력 공급체계를 전환하고, 화석연료 발전은 이산화탄소포집 기술과 연계하여 현재의 기저발전원에서 재생에너지의 불완전성을 보충하는 전력원으로 역할을 바꾼다. • 아울러, 2050 탄소중립의 핵심인 수소 에너지원*의 저렴하고 안정적인 공급체계를 구축하고 지리적(계통섬) 한계를 극복하기 위해 동북아 그리드와 같은 보완수단도 적극적으로 검토할 예정이다. *전력생산(연료전지), 산업(철강 · 석유화학), 수송(수소차), 건물(도시가스 대체) ○(산업) 미래 신기술, 에너지효율 향상, 순환경제 실현으로 지속가능한 탄소중립 산업 생태계를 구축한다. • 에너지 집약산업(철강, 석유화학)의 근본적인 온실가스 감축을 위해 수소환원제철, 바이오플라스틱 등 코크스와 납사를 대체할 수 있는 미래 신기술을 개발하고 상용화한다. • 정보통신 등 4차 산업기술을 활용하여 공장, 산업단지의 스마트화를 촉진하고 보일러, 가열로, 전동기와 같은 에너지 다소비 설비의 에너지 효

	율을 개선한다. • 아울러, 자원 소비, 폐기에 이르는 선형경제 구조를 순환경제 구조로 전환하기 위해 철스크랩, 폐플라스틱, 폐콘크리트 등 재생원료의 재사용율을 높이고, 친환경 설계와 수리받을 권리 강화로 제품의 지속가능성을 높여 원료와 연료 투입을 최소화한다. ○(수송) 청정 에너지원(전기 · 수소)을 동력으로 하는 수송수단(자동차, 철도, 항공기, 선박)을 확대하고 디지털 기술을 활용한 자율주행차, 교통 수요관리를 통해 수송부문 탄소중립 기반을 조성한다. • 먼저, 친환경차의 전면적인 대중화를 추진하며, 친환경차 보급이 어려운 부문은 바이오연료 사용을 확대한다. • 아울러, 디지털 기술과 연계하여 지능형 교통시스템을 구축하고 자율주행차 보급을 확대하여 교통수요 관리를 최적화하고 에너지 소비를 줄인다. • 또한, 화물 운송체계를 저탄소 운송수단인 철도와 해운으로 전환하고 장기적으로는 철도, 해운, 항공 부문에 대해서도 전기, 수소 등 청정에너지 활용성을 높인다. ○(건물) 단열과 기밀성능을 강화하고 에너지고효율 제품 사용을 확대하여 건물에서 사용되는 에너지를 최소화하고 태양광, 지열 등 건물 내 재생에너지 보급을 촉진하여 건물 에너지 자급자족을 실현한다. • 기존 건축물의 녹색건축물 전환을 활성화하고 신축 건축물은 제로에너지 건축물 의무화 대상을 단계적으로 확대하여 에너지효율을 극대화한다. • 아울러, 조명, 가정 · 사무기기 등 건물 내 제품 에너지 효율을 높이고 장기적으로 냉 · 난방, 취사용으로 사용되는 도시가스 의존도 감소를 위한 전기 · 수소 에너지원 기술의 보급 가능성을 검토할 계획이다. ○(농축수산) 농축수산의 스마트화 촉진과 청정에너지 사용 확대를 통해 친환경 농축수산업 체계를 구축한다. • 아울러, 농 · 축 · 수산물 유통과정에서 발생하는 부산물 중 재활용 가치가 높은 부산물은 산업의 원료로 재활용하는 새로운 신산업 육성도 추진한다.

	○(탄소흡수원) 산림, 갯벌, 습지 등 자연·생태 기반 솔루션 강화로 탄소흡수 능력을 높여 우리나라 탄소중립 달성에 기여한다. • 우선, 산림경영의 혁신을 통해 산림의 노령화 문제를 개선하고 목재 제품의 이용률을 제고하여 탄소저장량을 높여 나간다. • 이를 위해 도시숲과 정원 등 생활권 녹지를 조성하고, 훼손지와 주요생태축의 산림을 복원하고, 유휴토지에 대한 조림 사업을 통해 탄소흡수원을 확대해 나갈 계획이다. • 또한, 수종갱신과 숲 가꾸기 활동을 통해 산림의 흡수능력이 최대가 되는 상태를 지속적으로 유지하도록 관리할 예정이다. ○(이행기반) 탄소중립을 위한 경제·사회의 녹색전환을 뒷받침하고자 정책, 사회, 기술 전반에 걸친 이행기반도 구축한다. • 먼저, 재원·제도·정책 등 공공영역에서 탄소중립이 주류화될 수 있도록 제도적 기반을 구축하는 한편, 배출권거래제, 세제, 부담금 등 탄소가격 신호를 반영한 정책 개선방안도 검토한다. • 경제·사회 전반의 탄소중립 인식 강화와 국민 참여 확대를 위해 전방위적인 홍보를 추진하고 환경교육을 개선한다. • 정책수립 주체로서 국민의 정책 의사결정권 및 참여기회를 보장하는 한편, 지자체의 역할을 강화하고 녹색금융 기반도 구축한다.

출처 : 2050탄소중립 대한민국 정책브리핑

왜 2050년, 왜 1.5℃인가?

1992년 기후변화협약(UNFCCC) 채택 이후, 장기적 목표로서 산업화 이전 대비 지구 평균기온 상승을 어느 수준으로 억제해야 하는지에 대한 논의가 대두됐다. EU 국가들은 1990대 중반부터 2℃ 목표를 강하게 주장해 왔으며, 2007년 기후변화에 관한 정부 간 협의체 IPCC 제4차 종합평가보고서에 2℃ 목표가 포함됐다. 2℃ 목표는 2009년 제15차 당사국총회(COP15) 결과물인 코펜하겐 합의에 포함되었으며, 이듬해 제16차 당사국총회(COP16) 시 칸쿤 합의 채택으로 공식화됐다.

이후 2015년 파리협정에서 2℃보다 훨씬 아래(well below)로 유지하고, 나아가 1.5℃로 억

제하기 위해 노력해야 한다는 목표가 설정됐다.
IPCC는 2018년 10월 우리나라 인천 송도에서 개최된 제48차 IPCC 총회에서 치열한 논의 끝에 「지구온난화 1.5℃ 특별보고서*」를 승인하고 파리협정 채택 시 합의된 1.5℃ 목표의 과학적 근거를 마련했다.

*2015년 파리협정 채택 시 합의된 1.5℃ 목표의 과학적 근거 마련을 위해 유엔기후변화협약(UNFCCC) 당사국 총회가 IPCC에 공식적으로 요청하여 작성했다.

IPCC는 2100년까지 **지구 평균온도 상승폭을 1.5℃ 이내로 제한하기 위해서**는 전지구적으로 2030년까지 이산화탄소 배출량을 2010년 대비 최소 45% 이상 감축하여야 하고, **2050년경에는 탄소중립(Netzero)을 달성하여야 한다는 경로를 제시**했다.
한편, 2℃ 목표 달성 경로의 경우, 2030년까지 이산화탄소 배출량을 2010년 대비 약 25% 감축하여야 하며, 2070년경에는 탄소중립(Net Zero)을 달성해야 한다고 제시했다.

○ 탄소배출·기후변화에 대한 기업의 자발적 노력

탄소배출 감축과 기후변화에 대한 국제적 관심은 국가단위의 규제를 거쳐 기업의 자발적 노력으로 확산되고 있는 중이다. 탄소배출·기후변화에 대한 국제적 합의 및 국가별 규제가 강화됨에 따라 기업들은 변화된 기업환경에 대해 선제적인 대응과 ESG 경영전략의 필요성이 증가하고 있다.

2014년 영국에서 시작된 자발적 글로벌 캠페인인 RE100(Renewable Energy 100%)은 개별 기업 차원에서 글로벌 금융사와 기업들도 RE100에 참여하고 ESG 투자를 확대하는 경영활동이 확산 중이다. RE100은 연간 전기사용량이 100GWh 이상인 기업이 참여하여, 사용하는 전력량 100%를 2050년까지 풍력 및 태양광 등의 재생에너지로 전환하겠다는 기업의 목표와 의지를 나타낸다. 2020년 말 기준 140개국 총 280개 이상의 기업(미국 74개, 영국 39개, 일본 33개 등)이 가입하며 참여가 높아지고 있다. 국내 기업의 경우, 2020년 이후 SK(주) 등 14개 기업이 RE100에 가입 하여 탄소 감축을 위한 노력을 기울이고 있다.

한편 2019년 기준 RE100을 달성한 글로벌 기업은 약 40개에 달하며, 주로 태양광 발전의 자가설비 구축, 전력구매 계약을 통해 재생에너지를 조달하고 있다. 대표적으로 구글과 마이크로소프트, 아비바(AVIVA)는 2015년에 가입하여 주로 자가발전과 전력구매계약 등의 방법으로 RE100을 달성했다.

주요 기업별 RE100 가입 및 진행현황(2019년 기준)

기업	이행률	목표연도	재생에너지 조달방식
구글	100%	2017	• 자가발전(풍력) • PPA • 녹색요금제
애플	66%	2020	• 자가발전(태양광, 바이오가스 등) • PPA • REC 구매
마이크로소프트	100%	2017	• 자가발전(풍력) • PPA
페이스북	87%	2020	• 자가발전(태양광) • PPA
AVIVA	66%	2025	• 자가발전(태양광)
GM	72%	2020	• 자가발전(태양광)
BMW	72%	2050	• 자가발전(풍력, 태양광, 바이오가스) • REC 구매

출처 : Samjung Insight 삼정KPMG 경제연구원

※ PPA(Power Purchase Agreement, 전력구매계약)란 에너지 생산자와 구매자 간 동의된 기간과 가격으로 전력을 거래하는 계약

※ REC(Renewable Energy Certificate, 신재생에너지 공급 인증서)란 신재생에너지를 이용하여 에너지를 공급한 사실을 증명하는 인증서임

우리나라는 기업의 글로벌 RE100 이행을 위한 기반 마련을 지원하고, 재생에너지 사용을 희망하는 기업, 공공기관, 지자체 등의 재생에너지 적용 활성화를 위해 한국형 RE100(K-RE100) 제도를 오랜 준비 기간을 거쳐 2021년부터 운영하고 있다.

주요 기업별 RE100 가입 및 진행현황(2019년 기준)

구분	기준	재생에너지 조달방식
글로벌 RE100	• 연간 전기사용량이 100GWh 이상인 기업	• 자가발전 • 직접계약방식 PPA • REC 구매 • 녹색요금제
한국형 RE100	• 연간 전기사용량 무관 • 국내에서 재생 에너지를 구매하고자 하는 산업용, 일반용 전기소비자는 모두 참여 가능 • 재생에너지 100% 사용선언이 아니어도 참여 가능	• 녹색 프리미엄제 • 제3자 PPA • REC 구매 • 자가발전 • 지분투자의 경우 해당발전소와 별도의 제3자 PPA 체결 또는 REC 구매가 필요

출처 : Samjung Insight 삼정KPMG 경제연구원

K-RE100제도는 산업용 및 일반용 전기소비자를 대상으로 한다. 글로벌 RE100 캠페인에 가입한 기업뿐만 아니라 동 캠페인에 가입하지 않은 기업, 공공기관, 지자체 등도 참여 가능하다. 목표는 글로벌 RE100과 동일한 2050년 100%의 이행 목표설정을 권고하고 있다. 참여절차는 전기소비

자가 한국에너지공단에서 운영하고 있는 K-RE100 시스템에 등록해 재생에너지 전기를 사용하고, 공단으로부터 재생에너지 사용확인서를 발급받아 RE100 이행 등에 활용하는 프로세스로 되어 있다.

K-RE100 참여 절차

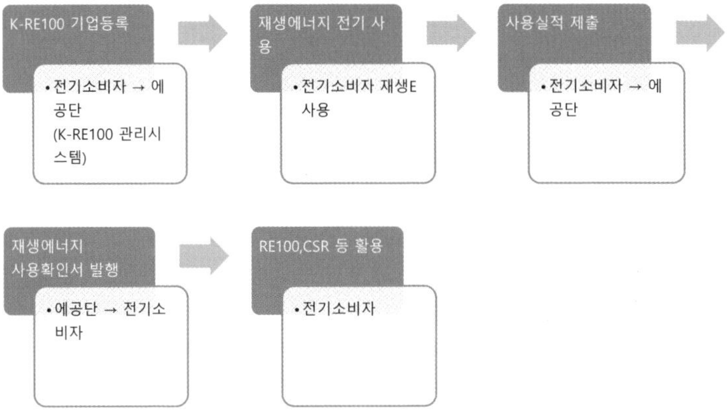

출처 : 한국에너지관리공단

정부에서는 K-RE100 활성화를 위해 참여 인센티브도 갖춰 나가고 있다. 먼저 재생에너지 사용비중이 20% 이상인 기업에 대해서는 K-RE100 라벨링 부착권한을 부여할 예정이다(2022년 예정). REC 구매, PPA, 자가설치 등의 이행수단을 통해 재생에너지 투자가 이뤄질 경우 배출권거래제 온실가스 감축실적으로 인정이 가능하다. 다만, 감축실적 인정 시 당해 연도에 생산한 전력을 당해 연도에 사용하는 경우에만 인정하며, 이행수단 중 녹색프리미엄과 에너지원 중 바이오에너지는 감축실적으로 인정이 되지 않는다. K-RE100 이행을 위해 K-RE100 참여자는 녹색프리미엄 등 네 가지 이행수단을 활용할 수 있다.

K-RE100 이행수단 개요

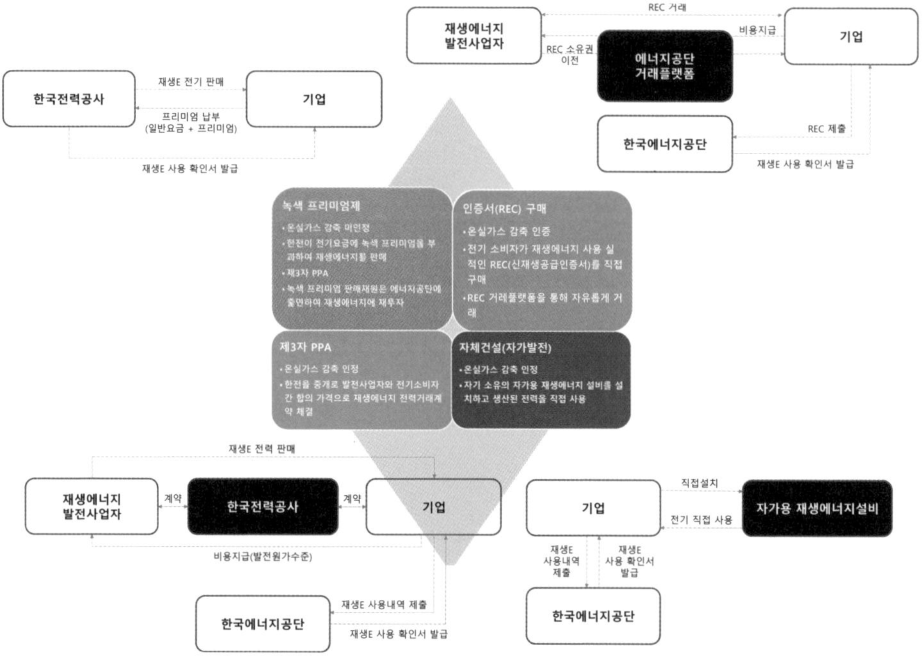

출처 : 한국에너지공단

고객의 ESG 요구

○ 공급망 관리

정부기관의 ESG 규제강화, 투자자의 ESG에 대한 요구수준이 높아지면서 기업은 자발적이든 비자발적이든 생산과 운영 전반에 걸쳐서 ESG 경영을 내재화하는 것이 무엇보다 필요한 상황이다. 특히 다국적기업의 경우 원재료 획득부터 제품 또는 서비스의 생산, 판매의 과정에 글로벌 밸류체인을 활용하여 경영효율성을 추구하고 있다. 이 과정에서 수많은 글로벌 협력업체들이 글로벌 밸류체인에서 역할을 담당하고 있는데, 다국적 기업이 전 세계에 분산되어 있는 협력업체를 직접적으로 관리하고 통제하여 글로벌 분업과정에서 발생할 수 있는 환경오염, 아동노동 등과 같은 ESG 측면에서의 부정적인 영향을 통제하기는 쉽지 않지만, 관련 문제가 발생할 경우 기업가치 저하, 기업이미지 하락 등 직접적인 리스크에 노출되게 된다.

EU는 2021년 7월 인권·환경에 대한 공급망 실사법을 발표하면서 개별 기업의 영역을 넘어 글로벌 공급망과 연계된 모든 기업에게 ESG관리는 중요해지고, 기후변화대응과 함께 인권을 포함한 보편적 가치의 ESG 기준 충족이 지속가능한 글로벌 공급망 참여에 필수요소가 되고 있다. 미국 바이든 대통령은 2021년 3월에 중국 위구르에서 생산된 상품의 수입을 원천적으로 금지하는 '위구르족 강제노역 방지법'에 서명하여 중국과 공급망이 연계된 모든 기업이 영향을 받고 있다. 또한, 미국은 4대 핵심 품목에 대한 100일 공급망 실사 시행령을 내렸고, EU도 ESG 공급망 실사 의무화를 강화하고 있다.

EU의 공급망 실사법

개요	EU에서 영업활동을 하는 기업이 협력업체들의 인권현황과 환경오염, 온실가스 매출량 등을 자체 조사해 문제가 있을 경우 해결하도록 하는 '공급망 실사법안'을 2022년 2월에 공개
1단계	• 직원 500인 이상, 매출 1.5억 유로 초과 등 대기업이 적용대상 • 비즈니스 모델과 경영 전략 등이 지구 온도 상승폭을 1.5℃ 이내로 억제한다는 목표를 준수

	• 제품의 생산 및 유통 공급망 기업들에 대해 인권, 온실가스배출, 환경오염, 생물다양성 훼손, 산업안전 등이 발생하지 않도록 해야 함 • 공급망 실사 정책을 도입하고, 실질적이거나 잠재적으로 유해한 영향을 식별하고 방지하거나 완화하는 조치를 취하여 실사 내용을 공개 • 실사가 실제 작동하도록 이사회의 감시 역할 조항 명기
2단계	• 시행 2년 후, 직원 250명, 매출 4,000억 유로 기업으로 확대 적용 • EU에 본사를 두고 있지 않더라도 EU 내에서 상품을 판매하거나 서비스를 제공하는 기업들이 대상에 포함 • 공급망 실사 의무를 위반한 기업의 경우 매출액에 비례해 과징금을 부과, 공공조달, 국가 지원, 대출, 수출신용기관의 지원대상에 제외
영향	• EU소재 기업뿐 아니라 역내에 상품과 서비스를 판매하는 기업까지 대상으로 하고 있어 유럽에 상품과 서비스를 수출하는 한국의 중소기업에도 적용될 수 있음

이에 따라 많은 글로벌 기업들은 적극적으로 ESG 요소를 평가하고 이를 바탕으로 협력업체를 선정하는 경향이 높아지고 있다. 테슬라의 경우 전기차 배터리의 주요 부품인 코발트 채굴에 아동 노동 착취 문제와 환경문제 논란이 야기되어 2019년 국제권리변호사회로부터 피소되었다. 이에 코발트를 사용하지 않는 배터리를 개발하고 100% 니켈 함유 전기배터리를 생산할 계획이라고 보고했으며, 공급망 내 근로자 인권 및 근로환경개선을 노력하겠다는 입장을 표명했다. 애플의 경우, 디자인부터 물류, 고객지원까지 모든 공급망 내 협력업체에 가장 높은 기준을 적용하는 행동수칙을 마련하고 이를 평가하여 협력업체의 성과 개선을 유도하고 있다. 독일 화학기업 바스프(BASF)의 경우, 유사 업종의 화학기업과 공동의 행동강령과 리스크 기반 매트릭스를 개발하여 협력사를 관리하며 경쟁력 강화를 모색 중이다.

○ 소비자의 니즈변화

ESG가 확산되면서 소비자의 소비행태가 변화하고 있다. 대표적인 변화는 자신의 신념을 드러낸다는 의미의 '미닝아웃(Meaning + Coming out)'을 들 수 있다. 이는 MZ세대[밀레니얼세대(1980년대 초반부터 1990년대 중반 출생자) + Z세대(1990년대 중반 이후 출생자)]를 중심으로 퍼져 나가고 있는 소비 트렌드로 '의미'나 '신념'을 뜻하는 미닝(Meaning)과 '벽장 속을 나오다'라는 뜻의 커밍아웃(Coming out)이 결합된 신조어이다. 이는 물건을 살 때 자신의 신념과 가치관에 따라 소비한다는 뜻으로, 기업이 환경 보호에 기여하는지, 제품이 윤리적으로 생산되는지 등을 고려해 구매를 결정하는 '착한 소비' 또는 '가치 소비'를 의미한다.

최근에는 소비자의 적극적인 소비행태인 '돈쭐'이라는 개념도 등장했다. 이전에는 부정적인 행위를 한 기업에 대해 소비자는 불매운동(Boycott)과 같은 네거티브 방식으로 적극적인 소비를 표현하였던 데 반해, 최근 MZ세대를 중심으로 포지티브 방식의 적극적 소비인 '돈쭐을 내주겠다(Buycott)'는 식의 소비행태가 확산되고 있다.

예를 들어 2021년 인천의 한 피자가게가 한 부모 가정에 피자를 선물한 선행이 알려지면서, 수많은 시민들은 해당 피자가게에 '돈쭐'을 내 주겠다며 주문행렬을 벌이고 있다.

이는 개인의 정치적 사회적 신념을 착한 기업을 부각시키는 소비를 통해 적극적으로 드러내는 행위로 소비자들은 제품을 살 때 품질, 서비스, 가격만을 보는 것이 아니라, 판매하는 기업이 환경, 윤리, 사회적 책임을 수행하는 '착한 기업', 즉 'ESG 경영 활동'을 제대로 하는지 확인하고 있다고 할 수 있다.

이러한 MZ세대의 소비 성향 변화는 점차 세계소비를 주도하는 세대로 부각되고 있다는 측면에서 그 의미가 크다고 할 것이다. 이에 따라 기업들은 ESG 활동이 더 이상 선택이 아닌 필수적인 요소라는 것을 인식하고 발 빠른 실천이 요구되어진다고 할 수 있다.

투자자의 ESG 요구

○ 책임투자 확대

ESG에 대한 사회적 요구가 커지고 있고 이에 따라 국내외 기관투자자의 책임투자 규모가 확대되고 있다. ESG 책임투자 전략에는 ESG에 반하는 기업(주로 무기, 환경오염, 아동착취, 담배생산, 투자금지된 국가에 무기판매 등과 관련 있는 기업)들을 투자에서 배제하는 네거티브 스크리닝(Negative Screening)과 우수한 ESG 성과를 보이는 기업 혹은 프로젝트를 선별해 투자하는 포지티브 스크리닝(Positive Screening) 전략 등이 사용되며, 주로 연기금의 경우 네거티브 스크리닝 전략 비중이 높다.

글로벌 연기금의 ESG 투자전략

연기금명	투자전략
노르웨이연기금 GPFG	• 포지티브 스크리닝 • 네거티브 스크리닝

네덜란드 ABP	• 포지티브 스크리닝 • 네거티브 스크리닝 • 주주권리 행사 및 적극적 소통전략
네덜란드 APG	
미국 CalPERS	• 포커스리스트(Focus List) 및 네거티브 스크리닝 • ESG 통합전략
국민연금	• ESG 통합전략 및 스크리닝 전략
일본 GPIF	• 주주권리 행사 및 적극적 소통 • ESG 통합전략 • 투자배제방식 미적용

출처 : 삼정KPMG 경제연구원

ESG와 관련된 이전의 기구나 활동들은 대부분 강제력이 없는 협의, 권고 수준이었던 데 비해 2018년 EU 집행위원회가 발표한 '지속가능 성장금융 실행계획'은 ESG 활동을 제도화하여 실행력을 높였다는 점에서 의미가 있다. 지속가능 성장금융 실행계획은 1) 지속가능한 성장을 위한 지속가능한 투자 유도, 2) 기후변화, 환경파괴, 사회문제 등에 의한 금융 위험관리, 3) 금융, 경제활동의 투명성 제고라는 3가지의 목적을 가지고 있다.

국민연금은 2006년 국내주식 부문의 위탁운용 유형(investment style)의 하나로 사회책임 투자형(Socially Responsible Investment : SRI)을 도입하는 방식으로 연기금의 책임투자를 개시하였다. 이후 UN PRI(Principles for Responsible Investment)에 가입하고 사회책임투자 유형의 비중을 확대하는 등 국내 책임투자 시장 활성화를 적극적으로 견인하고 있으나, 시장 파급효과 측면에서 그 영향력은 대체로 미미한 것으로 평가되었다.

그러나 국민연금은 2019년 11월 2022년까지 책임투자 적용자산의 비중을 50% 이상 확대할 것을 발표하고, 2021년 5월 '국민연금이 함께하는

ESG의 새로운 길'의 발간으로 책임투자 활성화 방안과 실행의지를 피력하여 국내 책임투자를 주도하고 있다. 또한 국민연금법 개정안 발의를 통해 국민연금기금운용지침 내 '환경, 사회, 지배구조 등의 요소를 고려할 수 있다'고 규정되어 있던 기존 조문을 '고려하여야 한다'로 의무화를 추진하였다.

전 세계적으로 친환경·친사회적 지속가능 경영의 요구가 커짐에 따라 금융권에도 ESG가 기업 대출의 평가요소로 사용되고 있다. 지속가능연계대출(Sustainability-linked bond/loan, SLL)은 대출금리 설정 방식에 있어 차입기업의 지속가능 활동을 연계하는 상품으로 최근 유럽을 중심으로 속속 도입되고 있다. 지속가능연계 대출은 ESG 외부 평가기관의 지표를 활용하고 있으며, 신규 대출이나 대출 갱신 시 금리조건에 주로 친환경 지표이거나 에너지 사용 등 다양한 ESG 평가기준을 사용하는 것이 고려된다.

국내에서도 기업은행 및 KB금융과 신한금융 등에서 최근 이를 도입하여 대출상품을 출시하고 있다. 국내에서의 지속가능연계대출은 도입 초

ESG 금융생태계의 구성

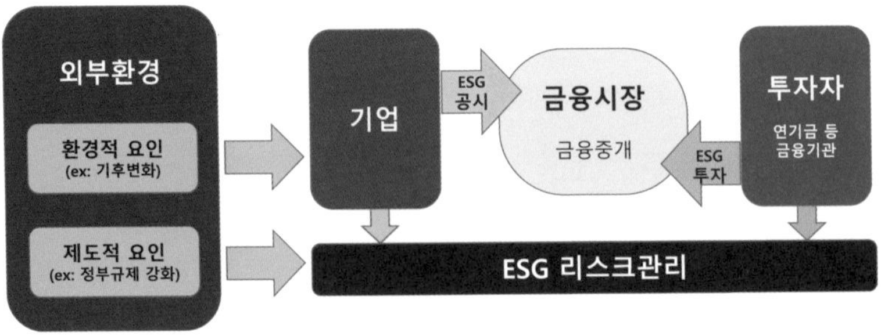

출처 : 금융위원회

기 단계로 외부 ESG 평가기관의 기준 및 자격 등을 명확히 하는 것이 선행될 필요가 있으며, 관련 제도에 있어 정부의 적극적인 뒷받침이 요구되고 있다.

○ 투자자에 대한 책임투자 권고

대한민국 중소벤처기업부는 벤처·스타트업의 ESG 경영을 유도할 목적으로 2022년 7월 14일 벤처캐피탈에게 ESG 벤처투자 표준 가이드라인을 제시하였다. 해당 가이드라인은 UN책임투자원칙, 해외 선진사례 및 국내 ESG 가이드라인을 고려하여 글로벌 ESG 기준과 국내 ESG 기준의 정합성을 확보하였으며, 벤처·스타트업의 성장단계별 특성을 고려하는 것은 물론 펀드운용사의 포트폴리오 전략 등에 맞추어 자율 수정이 가능하도록 설계되었다. 정부는 2022년 하반기 160억 규모의 ESG펀드를 조성하여 가이드라인을 시범적용 후 지속보완하면서 점진적 확산을 유도할 계획이다.

ESG 벤처투자 표준 가이드라인은 특히 벤처캐피탈이 투자검토기업의 ESG 경영을 평가할 때 적용할 수 있는 기업 성장단계별·산업별 ESG 평가 세부기준(기업 성장단계별 투자검토기업 분류 및 산업별 주요 ESG 요소분류 참고), 네거티브 스크리닝 체크리스트(네거티브 스크리닝 체크리스트 참고), ESG 벤처투자 프로세스(벤처캐피탈의 ESG 벤처투자 세부 프로세스 참고), ESG 벤처투자 실사 체크리스트(ESG 벤처투자 실사 체크리스트 참고) 등 구체적인 평가기준을 제시하고 있어, 벤처캐피탈이 벤처투자에 해당 가이드라인을 활용하게 되면서 벤처·스타트업의 ESG 경영을 유도해 나갈 수 있을 것으로 기대된다.

기업 성장단계별 투자검토기업 분류

분류기준	Level 1	Level 2	Level 3
기업 발전 단계	• 비즈니스 모델 확립 전 • 주요 평가대상은 창업자와 팀의 역량과 비전, 보유기술	• 비즈니스 모델 확립 단계	• 본격적인 성장 단계 • IPO나 M&A 가능성
구분 예시	시드, 프리시리즈A 또는 해당 라운드 총 투자금액 20억 이하 또는 기업가치(Pre 기준) 100억 이하	시리즈 A, B 또는 해당 라운드 총 투자금액 20 ~ 150억 또는 기업가치(Pre 기준) 100 ~ 750억	시리즈 C 이상 또는 해당 라운드 총 투자금액 150억 이상 또는 기업가치(Pre 기준) 750억 이상

출처 : 중소벤처기업부

산업별 주요 ESG 요소 분류

산업분류	Level 1	Level 2 & Level 3
바이오 · 의료	임상 시험 참가자의 안전, 제약 · 의료서비스에 대한 접근성, 인적 자원의 개발 및 유지	제품에 대한 가격 접근성, 위조 의약품 방지, 제품안전, 윤리적 마케팅, 공급망 관리, 윤리 경영
ICT서비스/게임	데이터 프라이버시와 표현의 자유, 데이터 보안, 인적 자원의 다양성	하드웨어 인프라의 환경 부하, 지적 재산권 존중 및 공정 경쟁, 서비스 중단 리스크 관리
영상 · 공연 · 음반	컨텐츠와 제작 · 관리진에서의 다양성 및 포용성	보도 · 공연 · 방송 윤리, 저작권 보호
ICT제조	제품에서의 정보 보안, 인적 자원의 다양성, 제품 수명 주기 관리	공급망 관리, 지속 가능한 원료 구매, 온실가스 배출 관리, 에너지 사용량 관리, 용수 사용량 관리, 폐기물 배출 관리, 산업 안전, 지적 재산권 존중 및 공정 경쟁

전기·기계·장비	제품 수명 주기 관리	제품 안전, 에너지 사용량 관리, 위험 폐기물 관리, 지속가능한 원료 구매, 윤리 경영
화학·소재	사용 단계에서 제품 환경성 개선, 화학물질의 안전·환경 관리	온실가스 배출 관리, 대기오염물질 배출 관리, 에너지 사용량 관리, 위험 폐기물 관리, 지역 사회와의 관계, 산업 안전, 법률 및 규제 관리, 환경 사고 예방 및 대응 체계
유통·서비스	근로자 인권 보호, 인적 자원의 다양성	에너지 사용량 관리, 고객 정보 보호, 제품·포장·마케팅에서의 환경·사회적 지속가능성 개선

출처 : 중소벤처기업부

네거티브 스크리닝 체크리스트

□ (주목적 투자 대상 ①) 네거티브 스크리닝(투자배제 전략)

① 네거티브 스크리닝은 ESG 투자전략 중 하나로 ESG 관점에서 부정적으로 평가되는 산업 또는 사업에는 투자하지 않는 전략

② 네거티브 스크리닝(투자배제전략)을 사용하는 경우 ESG 위험관리 관점에서 투자 고려 기업이 이에 해당하는지 확인

- 글로벌 기준은 투자배제 대상으로 술·담배·무기 등의 제조·판매 기업과 도박·성윤리 위반 엔터테인먼트 등의 서비스 제공 기업에 한정
- 최근, 화석연료 생산, 심각한 환경파괴, 인권탄압, 열악한 노동환경과 같이 인류의 존엄과 생존에 위협이 되는 사업 또는 행위를 하는 산업 등을 포함

③ 벤처펀드 운용사는 '네거티브 스크리닝 점검표(체크리스트)'를 활용하여 네거티브 스크리닝 평가 기준에 따라 ESG 관점에서 명백하게 부정적으로 평가되는 산업 또는 사업을 영위하는 기업을 투자대상에서 배제

네거티브 스크리닝 점검표(체크리스트)		
투자배제항목	해당여부	
	Y	N
무기, 소형 화기 및 탄약, 마약, 담배와 같은 비가치재 등의 산업을 영위하는가?		
도박, 성윤리 위반 엔터테인먼트와 같은 불건전한 서비스를 제공하는가?		
탄소 배출이 타 산업대비 높거나 환경을 파괴하는 산업을 영위하는가? (예 : 석탄 발전, 오일샌드, 셰일에너지 등)		
노동조건이 열악하거나 인권 유린 발생 가능성이 높은가?		

벤처캐피탈의 ESG 벤처투자 세부 프로세스

구분	단계	내용
의무 적용 사항	① ESG거버넌스	• ESG정책 수립 및 ESG 투자심사 관련 심의기구 설치·운영
	② 네거티브 스크리닝	• ESG 기준에 부정적으로 평가되는 기업을 투자대상에서 배제 • 전통적인 투자배제 대상*과 함께 화석연료 생산, 인권탄압, 열악한 노동 환경과 같이 인류의 존엄한 생존과 반대되는 행위를 하는 기업 포함 *사행산업 등 경제질서 및 미풍양속에 현저히 어긋나는 업종(마약, 유흥주점, 사행 시설 관리 및 운영 등)에 투자
	③ ESG 실사	• 투자 검토기업을 기업 성장단계별/산업별로 분류 • 투자 검토기업의 ESG 위험과 기회를 파악하기 위해 별도 ESG 체크리스트(표준 체크리스트 배포 예정)를 활용하여 실사결과 분석 • 투자 검토기업의 성장단계/산업별 특성을 고려하여 점검표(체크 리스트) 항목을 추가하거나 수정(항목별 50% 범위 내) 제안 가능

권고 사항	④ 투자보고서	• ESG 투자심사 관련 심의기구는 투자심사 시 'ESG 심사보고서' 내 ESG 평가 항목을 참고하여 ESG 적격 투자대상기업을 선별
	⑤ 투자계약서	• ESG 투자에 필요한 내용을 투자계약서에 반영
	⑥ 피투자기업관여	• ESG 경영관여는 ESG KPIs 설정 및 관리, 마일스톤에 따른 인센티브 부여 등으로 이루어짐
	⑦ 모니터링 및 보고	• 벤처투자자(GP)는 포트폴리오 기업의 ESG 성과를 모니터링하고 출자자(LP)에게 보고(GP와 합의된 범위 내 주기적 보고 가능)
	⑧ 이에스지(ESG) 평가	• 투자기간 동안 포트폴리오 기업의 주요 ESG 리스크 및 기회를 파악하여 ESG 요소를 얼마나 향상시켰는지 측정하여 평가

출처 : 중소벤처기업부

ESG 벤처투자 실사 체크리스트

※ 운용사의 중점 투자 분야(기업 성장단계별 · 산업별)의 투자 검토기업 분류 기준 등을 고려하여 추가 또는 ESG 영역별 50% 범위 내에서 수정하여 제안 가능

구분	기업 성장 단계			ESG 평가 세부 기준		ESG 평가 결과			
				항목	내용	Y	N	해당 없음	개선 가능성 (Y/N)
환경 (E)	Level 1	Level 2	Level 3	환경 경영 목표	단기 · 장기 사업목표 중 환경 관련 목표가 있는가?				
				친환경 혁신	기존 제품 · 서비스 대비 환경성을 개선한 제품 · 서비스를 제공하고 있거나 개발할 계획이 있는가?				

		Level 2	Level 3	환경 관리	환경 친화적인 생산 절차를 갖추고 있는가?				
					사업장의 전력 및 용수 사용량을 측정할 수 있는가?				
					전력 및 용수 사용량의 연간 증감(과거 3년치)* *유틸리티 사용량의 경우 매출 증감에 연동된다는 점을 고려해야 함	( ) kW, ( ) m^3			
				환경 성과	환경 친화적인 자원을 활용하고 있는가?				
					폐기물 발생 최소화를 위한 노력을 하고 있는가?				
					재생에너지 사용 혹은 용수/폐기물 재활용을 하고 있는가?				
				공급망	제품을 생산할 때, 친환경 자재를 사용하고 있는가?				
				규제 위험	향후 기업의 성장에 따라 적용될 환경규제를 알고 있는가?				
					환경위험 대응을 위한 내부 시스템이 구축되어 있는가?				
					환경성과평가 및 감사를 실행하고 있는가?				
				온실 가스/ 기후 변화	온실가스 배출 감축을 위한 노력을 하고 있는가?				
					기후변화가 회사에 미치는 영향을 분석하는가?				
					기후변화 대응하기 위해 어떤 전략이 있는가?	(예) 대체육 개발			

사회 (S)	Level 1	Level 2	Level 3	인권	근로자에 대한 인권침해가 발생하지 않도록 예방조치를 취하고 있는가? (예 : 직장 내성희롱 등에 대한 징계 규정 마련, 권리 구제 절차 수립 등)				
				근로 조건	근로자의 근로조건은 적법한가?				
					근로자와 근로계약서를 작성하고 최저임금 이상의 임금을 지불하고 있는가?				
					근무만족도 제고, 인력개발 등을 위한 교육 및 훈련 프로그램이 존재하는가?				
				다양성	전체 직원 중 여성과 장애인의 비율은 ?				
					차별받지 않을 권리가 보장되는가?				
				정보 보안	회사의 데이터가 물리적·기술적 위험으로부터 안전하게 관리되고 있는가? (예 : Back up 체계 구축 및 물리적 접근 차단)				
				보건 안전	근로자의 보건 및 안전이 보장되는 근무환경인가?				
					작업장 위험요인을 파악하고 근로자의 보건 안전을 위한 노력을 하고 있는가? (예 : 화재 대피 훈련, 업무 중 휴식 장려 등)				

		Level 2		소비자 보호	고객정보 보호를 위한 관리 체계를 갖추고 있는가? (예 : 정보보안규정 수립, 정보보안담당자 확보, 정보보호 관련 인증 획득 등)				
					서비스 · 제품 디자인 시고객의 건강과 안전을 고려하였는가? (예 : 서비스 사용시간 제한, 청소년 인지 영향 고려 등)				
			Level 3	지역 사회	사회적 책임을 실천하기 위한 내부 프로그램이 존재하는가?				
					지역사회 기여하는 활동을 하고 있는가? (예 : 기부, 봉사활동 참여, 보유기술을 활용한 사회 활동 등)				
				공급망	공급망 선정 시 이에스지(ESG)를 고려하고 있는가? (예 : 근로조건, 안전관리, 강제 노동 등)				
					이해관계인 등과 부당하거나 불공정한 거래가 존재하는가?				

지배구조 (G)	Level 1	Level 2	Level 3	창업자	창업자의 창업 배경과 비전에 환경과 사회에 대한 고려가 담겨 있는가?				
					창업자가 과거 비윤리적인 행동으로 문제 된 적이 있는가?				
				자금 관리	자금 집행과 관리주체가 분리되어 있는가?				
				내부 감사	감사인의 독립성이 보장되어 있으며, 연 2회 이상 내부 감사를 실시하는가?				
				준법 경영/ 법률 준수	기업과 관련된 법률을 주기적으로 점검하고 이를 회사 구성원에게 알리는 프로세스가 있는가?				
					회사가 법률 위반으로 제재를 받거나 과징금을 부과받은 적이 있는가?				
				윤리 경영	윤리규범을 가지고 있고 직원들에게 이를 알리고 있는가?				
					부패방지를 위한 정책 또는 절차가 존재하는가?				
				이사회	이사회가 기업의 경영의사결정 기능과 경영감독 기능을 충족하고 있는가?				
					이사회는 대표로부터 독립적인가?				
					사외이사는 독립적인가?				
					이사회 개최 주기는 적정한가?				

			Level 3	주주	투자자와의 사전협의와 투자 계약서 상의 사전동의 항목을 위반한 사항이 있는가?				
					주주의 권리를 충분히 보장하고 있는가?				
					주주간담회를 연 2회 이상 주기적으로 개최하고 있는가?				
					회사의 정보를 주주에게 투명하게 공개하고 있는가?				

출처 : 중소벤처기업부

○ 기업평가에 ESG 반영

기업은 주식이나 채권을 발행(직접금융)하거나, 은행에서 대출 등(간접금융)을 통해 외부자금을 조달하여 사업을 위한 운전자금, 자본재투자 등으로 활용하게 된다. 이때 기업의 신용은 투자자와 은행 등에게는 투자여부뿐만 아니라 이자율을 결정하는 중요한 요소이다.

기존에는 신용평가 기관들은 기업의 재무성과만을 평가하여 기업의 신용등급을 산출하였으나, 최근에는 많은 신용평가기관들이 재무성과뿐 아니라 ESG 등 비재무성과를 포함하여 신용평가를 실시하고 신용등급을 산출하고 있다. 무디스(Moody's)는 2019년 ESG성과를 바탕으로 전체 평가대상 기업 중 33%의 신용등급을 조정하였고, 피치(Fitch Ratings)는 ESG risk 수준이 높을 경우 신용등급 평가 시 반영하였고, S&P Global은 환경오염 등 조정사유에 해당하는 기업에 대해 신용등급을 조정하였다.

국내 신용평가기관도 이러한 글로벌 신용평가기관의 영향으로 신용등급에 비재무적 성과를 포함하기 시작하였다. 한국신용평가(한신평)은

2020년 10월 한국중부발전이 발행한 1,100억 원의 제59회 공모사채(지속가능채권)에 대해 자체적으로 마련한 ESG 금융 평가방법론을 토대로 국내 신용평가사로서는 최초로 ESG채권등급을 평정하였다.

이러한 흐름은 ESG 경영은 기업의 혈액이라고 할 수 있는 자금의 조달에 있어서도 필수적으로의 준수해야 하는 기준이 되었으며, 신용위험에까지도 영향을 미칠 수 있다는 것을 의미한다.

2. 기대효과 및 추진방향

계량화할 수 있는 가치창출

세계적인 경영학자인 피터 드러커는 '측정할 수 없으면 관리할 수 없고, 관리할 수 없으면 개선할 수 없다'라고 말했다. 그동안 기업들은 그들의 재무적인 성과를 측정하기 위해서 회계라는 수단을 통해 경제적인 가치를 측정하였다. 그리고, 측정된 경제적 가치를 이전 기간, 다른 회사 및 산업평균 등과 비교를 통해 기업이 얼마나 뛰어난 재무적인 성과를 이루었는지를 분석하고 관리할 수 있었다.

ESG 경영에서도 이러한 성과의 측정과 측정된 성과의 분석과 관리는 필수적이다. 다만 E, S, G는 재무적성과 측정을 위한 회계와 같은 명확한 수단이 아직까지 존재하지 않기 때문에 ESG 경영을 통해 언제 어느 정도의 가치가 발생한다는 것을 명확히 알기 어렵다. 그래서 ESG 경영을 객관적으로 수치화하여 측정하는 것은 ESG 경영의 성과를 분석하고 관리하기 위해서는 필수적이다.

SK그룹은 2017년부터 외부 전문가들과 공동연구, 관계사 협의 등을 통해 측정 체계 개발에 들어갔다. 객관성과 투명성을 높이기 위해 경제학·회계학 전문가들뿐만 아니라 사회학 교수, 사회적 기업 전문가들까지 자문역으로 뒀다.

이렇게 해서 나온 결과물이 '사회적 가치 성과'다. SK에 따르면 이 수치는 크게 경제 간접 기여 성과·비즈니스 사회 성과·사회공헌 사회 성과 등 3대 분야로 나뉜다. 경제 간접 기여 성과는 기업 활동을 통해 경제에 간접적으로 기여하는 가치로 고용, 배당, 납세 등으로 측정된다. 비교적 계량화가 쉬운 분야다. 비즈니스 사회 성과는 제품·서비스 개발과 생산·판매를 통해 발생한 사회적 가치로, 환경과 사회, 거버넌스 부문 등이 평가 항목이다. 많은 기업이 하고 있는 소위 환경·사회·거버넌스(ESG) 평가가 여기에 해당한다. 사회공헌 사회 성과는 지역사회 공동체에 대한 사회공헌 활동으로 창출한 가치를 말하는 것으로 전통적인 사회공헌 사업 실적에 가깝다.

SKT의 사례를 바탕으로 ESG 목표설정 및 사회적 가치 측정방법을 구체적으로 살펴보면 다음과 같다.

1) ESG 목표 설정

SKT의 ESG 추진방향

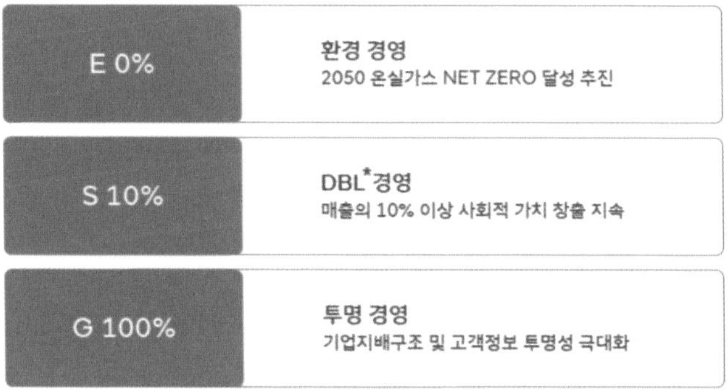

SKT는 E/S/G 각 분야에서 각각 0/10/100이라는 구체적인 목표를 세우고 적극적으로 ESG 경영을 추구하고 있습니다. '2050년 넷 제로(Net Zero)' 프로젝트에 동참, 온실가스 순 배출량을 '0'으로 만들기 위한 노력을 하고 있으며, 기업지배구조 및 고객정보 투명성을 국내 최고 수준으로 강화해 가고 있습니다.

* DBL(Double Bottom Line); 경제적 가치(EV)와 사회적 가치(SV)를 동시에 추구하는 경영 방식

출처 : SK텔레콤 뉴스룸

2) 사회성과 측정산식

사회성과 측정산식 예시

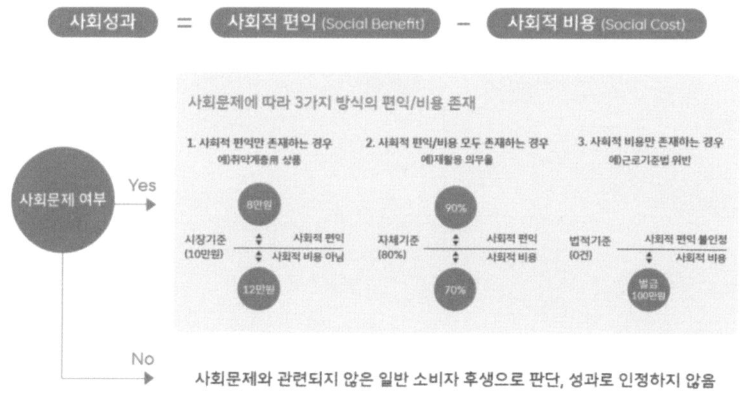

SK는 기업활동으로 창출하는 사회적 가치의 객관적인 근거를 확보하기 위해 다양한 학계, 기관, 기업들과 함께 협업을 진행하고 있습니다. 바스프(BASF), 노바티스(Novartis) 등 20여 개 글로벌 기업·기관들과 함께 출범시킨 VBA(Value Balancing Alliance)는 현재 국제회계기준(IFRS), 세계경제포럼(WEF), 미국 하버드 경영대학원(HBS) 등과 협력하며 글로벌 측정 모델 개발에도 힘쓰고 있습니다.

출처 : SK텔레콤 뉴스룸

3) 사회적 가치(SV) 측정 영역

사회적 가치 측정 영역

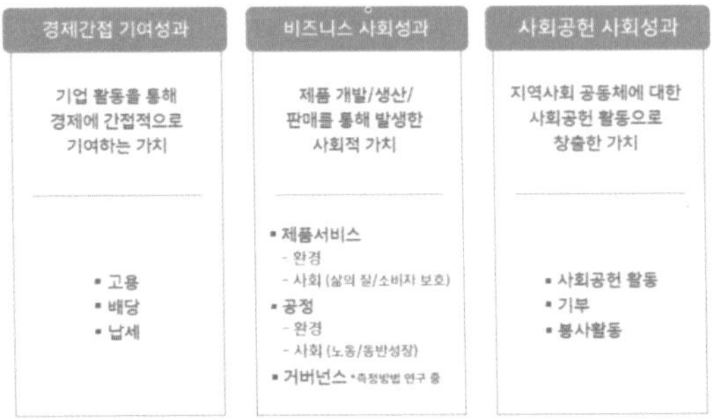

사회적 가치 측정 영역은 〈경제간접 기여성과〉, 〈비즈니스 사회성과〉, 〈사회공헌 사회성과〉로 구분됩니다. 경제간접 기여성과는 고용 · 배당 · 납세 등 경제에 간접적으로 기여하는 기업활동이며, 비즈니스 사회성과는 ESG로 대표되는 환경(E), 사회(S), 지배구조(G)의 가치 활동입니다. 또한 사회공헌 사회성과는 CSR프로그램 · 기부 · 봉사활동 등 지역사회에 대한 사회공헌 활동으로 창출됩니다.

출처 : SK텔레콤 뉴스룸

4) SKT 사회적 가치

SKT 사회적 가치

1조 8,709억 원에서 1조 9,457억 원으로 4% 증가

경제간접 기여성과

1조 6,582억 (전년대비 △1.6%, △269억 원)

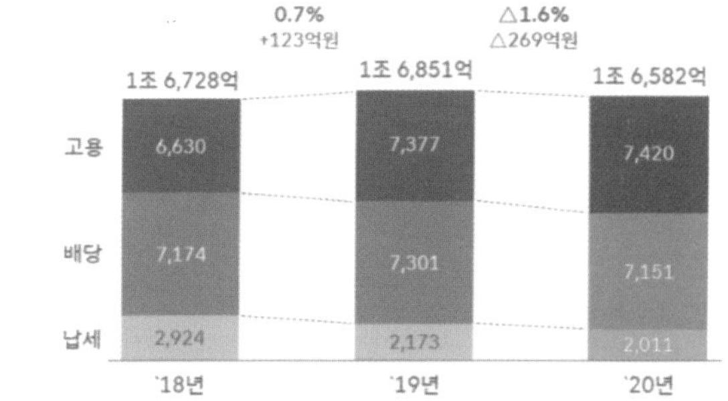

비즈니스 사회성과

2,362억 (전년대비 +60.2%, +887억 원)

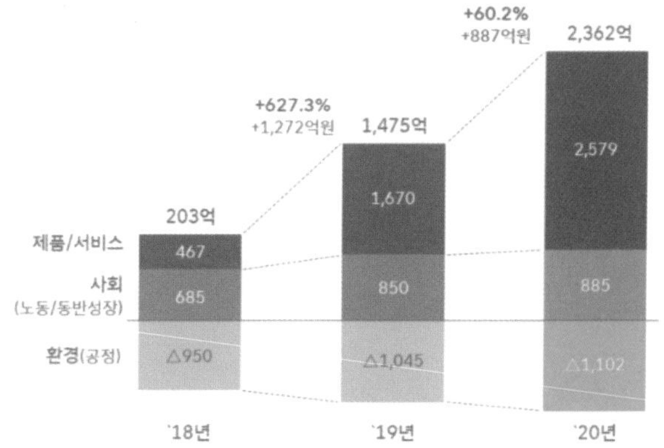

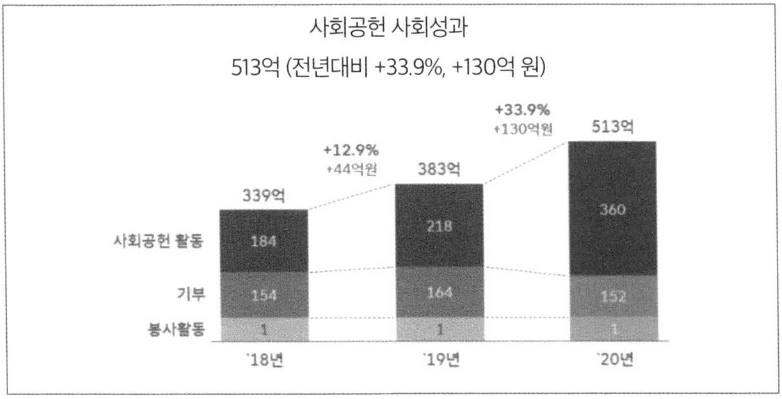

중소기업의 ESG 경영 추진 방향

많은 중소기업들이 ESG를 추진하려고 할 때 막상 무엇부터 어떻게 준비해야 할지 어려움을 느끼게 될 수 있다. 그러나 이로 인해 ESG 추진을 차일피일 미룰 수도 없는 상황이다. 앞서 얘기했듯이 ESG는 이제 선택이 아닌 필수이기 때문이다. 그럼 중소기업이 ESG 경영을 어떻게 추진을 해야 할지에 대해 살펴보자.

○ 중소기업의 특성에 맞는 ESG 관리지표 도출

중소기업이 속한 산업, 사업장의 위치, 주요 고객사 등 여러 가지 환경적인 요인에 따라 관리하여야 할 ESG 관리지표가 많은 차이를 보일 수 있다. 먼저, 국내·외 정부 및 기관의 ESG 관련 규제 중 중소기업이 관리하여야 하는 지표가 무엇인지를 점검하여야 한다. 이를 위해 기업이 속한 산업에 관계없이 공통적으로 적용되는 항목과 기업이 속한 산업에만 적용되는 항목이 무엇인지를 각각 파악하여야 한다. 둘째, 중소기업의 고객사인 대기업이나 글로벌 기업이 협력사를 평가할 때 사용하는 ESG 평가기준을 점검하여야 한다. 많은 대기업이나 글로벌 기업들은 선제적으로 ESG 실천하기 위해 대한민국 정부에서 중소기업을 위해 제시한 ESG 관리지표보다 훨씬 엄격한 기준을 적용하고 있으므로 반드시 이를 파악하여야 한다. 마지막으로 위의 과정에서 파악된 여러 가지 지표 중에서 중소기업의 입장에서 관리하여 준수하여야 할 ESG 관리지표를 선별하여야 한다. 이때 ESG 관리지표를 선별할 때는 시급성과 중요성을 기준으로 판단하는 것을 추천한다. 만약 시급성과 중요성이 있으나 중소기업의 입장에서 당장 실천할 수 없는 항목에 대해서는 회사의 중장기전략에서 중장기 ESG로드맵의 작성을 통해 단계적으로 추진할 ESG 과제로 설정하는 방법을 추천한다.

중소기업 ESG 관리 주요지표

영역	지표
환경(6)	환경경영체계 구축
	온실가스 배출 저감
	자원 사용, 폐기 및 재활용
	유해물질 배출/폐기
	제품 탄소발자국
	친환경 기술 기회

사회(6)	고용 관행
	공급망 포함 아동노동/강제노동
	차별 및 직장 내 괴롭힘 금지
	산업안전보건
	지적재산 및 고객정보보호
	제품안전 및 품질
지배구조(2)	투명경영
	반부패/준법경영

출처 : 대한상공회의소

○ 체계적인 데이터 관리

ESG지표를 관리하기 위해서는 먼저 지표를 측정하여야 하고 측정된 지표의 성과관리를 수행하여야 한다. 이를 위해 우선적으로 안정적인 데이터 관리 체계를 확보해야 한다. 체계적인 ESG 데이터 관리를 위해서는 관리지표별 규제대응 및 고객사 요구사항 대응을 위한 조직 내부의 정보를 계속이고 일관적인 기준을 적용하여 측정하여 식별하고 이를 내부적으로 축적하는 것을 의미한다. 중소기업은 이를 통해 체계적인 ESG 성과관리가 가능하고, 규제당국과 고객사의 ESG 관련 데이터의 요구에도 능동적이고 신속히 대처할 수 있다.

효율적인 데이터 관리를 위해서는 전산시스템 등의 도입을 통한 ESG 데이터 관리가 바람직하나, 중소기업의 여건상 전산시스템의 도입이 어려운 경우에는 수작업을 통한 관리도 가능하다. 단, 수작업(매뉴얼) 관리의 경우에는 담당인력 간의 업무책임과 데이터 업데이트 주기를 명확히 하여 최소 1년에 1회 이상 ESG 관리지표에 대한 정보가 업데이트되어 보고될 수 있도록 할 것을 추천한다.

ESG 관리지표별 관리 필요 데이터

ESG 관리지표		관리 필요 데이터
환경	환경경영 체계	• 환경경영 담당자 및 조직 체계 • 환경경영시스템 취득 현황(인증 획득일 및 유효기간)
	온실가스 배출	• 이산화탄소 배출량 • 에너지 사용량
	자원사용/폐기 및 재활용	• 폐기물 배출량 • 폐기물 배출량 중 매립량 • 폐기물 재활용량 • 용수 취수량 및 방류량 • 용수 방류 시 수질오염물질(BOD, COD) 배출량 • 용수 재사용량
	유해물질 배출/폐기	• VOC, NOx, SOx, TN, PM, SF6 등 자사 제조시설에서 발생하는 유해물질 배출량
	친환경기술 기회	• 친환경기술 특허 보유 현황 • 동종사-자사 대비 또는 자사 기존제품과 대비 시 제품의 환경효율 우수성 • 전체 매출액 중 친환경사업 매출 비중
	제품 탄소발자국	• 제품별 단위당 탄소배출량
사회	고용 관행	• 임직원 수(성별, 연령별, 국적별 구분) • 비정규직(계약직/시간제 근로자) 비중 • 최저임금 대비 자사 임금 수준 • 남녀 평균 임금비율 • 근로자 개인별 연장근로 시간 현황
	공급망 포함 아동노동/강제노동	• 공급망 내 아동노동/강제노동 이슈 발생 가능 영역 유무

	차별 및 직장 내 괴롭힘 금지	• 임직원 이직률/퇴사율 • 사내 고충처리 접수건에 대한 조치현황
	산업 안전 및 보건	• 재해율 • 직업성질환 발병률
	지적재산 및 고객정보보호	• 정보보호시스템 감사/관리 주기 • 정보보호 교육 시간 및 교육을 이행한 근로자 수 • 정보보호 관련 대외 인증 취득 현황 • 정보유출 발생 현황
	제품 안전 및 품질	• 전체 제품 중 품질검사 이행하는 제품 비중 • 제품 리콜/환불 발생 현황 • 고객만족도 현황
지배구조	반부패/준법 경영	• 주요 경제/환경/사회 관련 대응 필요 법규 준수 현황 • 조직의 윤리규정에 서명하였거나 관련 교육을 받은 임직원 수 • 윤리경영에 대한 내부 점검 및 감사 현황 • 고객사와 체결한 윤리경영/ESG 관련 가이드라인/서약서 체결 현황 및 고객사 요구 준수 현황

출처 : 대한상공회의소

○ 대기업 및 금융기관 지원 적극 활용

중소기업은 ESG 대응역량과 ESG 성과창출을 촉진하기 위해 대기업과 은행이 제공하고 있는 협력사 역량강화 지원사업, 컨설팅 지원사업 및 ESG특화 자금지원 등 각종 지원제도를 적극 활용하는 것을 추천한다. ESG 관련 대기업의 중소협력사 지원사업의 예를 살펴보면, LG화학의 경우 화학물질안전 국내 법규 주요내용을 공유하고, 에너지효율을 위한 설비 및 관리체계 교육·진단 등 ESG 규제에 협력사가 선제적으로 대응할 수 있는 역량을 강화할 수 있도록 협력사를 대상으로 교육·간담회 개최 등을 통해 지원하고 있다. SK하이닉스의 경우 환경 관련 기술·노하우 공유, 환경 관련 법적이슈 대응, 협력사 지적재산권 보호, 협력사 환경, 안전, 보건 분야 법규 지원 등 환경문제 공동해결을 위한 'Eco alliance' 구축, 전문컨설팅 및 교육을 지원하고 있다. 신한은행 등 국내 주요시중은행 등은 ESG 평가에 따라 금리를 우대 및 감면혜택을 제공하여 ESG 경영에 대한 인센티브를 제공하고 있다.

○ ESG 추진성과의 적극적 홍보

ESG 경영은 피할 수 없는 시대의 흐름이므로 중소기업에게도 ESG 추진성과를 대외적으로 공개하여 기업을 홍보하는 것은 장기적인 기업가치 향상을 도모할 수 있는 수단이다. 중소기업이 대외적으로 공개할 수 있는 내용은 지속가능경영보고서 발간, ESG 경영 현황, ESG 추진성과 공개 등이며, 이러한 ESG 추진현황을 홈페이지, 제품소개서 및 기업소개서 등을 통해 홍보할 수 있다. ESG 정보공개의 객관성과 신뢰성을 담보하기 위해 제3자의 검증을 받는 것도 정보공개의 효과성을 제고할 수 있다는 측면에서 좋은 선택이 될 수 있다.

3장

ESG,
어떻게 준비하나

1. 중소기업 ESG 촉진 방안

추진배경

해외 글로벌 기업은 이미 협력사에 강도 높은 ESG 경영을 요구하고 있으며, 국내 대기업과 관계가 있는 국내 중소기업도 친환경 원료, 환경인증, 노동여건 등 ESG와 관련하여 요구받는 사례가 점차 증가하고 있다.

중소기업이 공급망에서 ESG를 요구받은 사례

구분	요구 사례
해외	• 애플 · BMW : RE100 가입 후 협력기업에 100% 재생에너지 사용 요구 • 홈디포 : '35년까지 연간 2.1%씩 탄소배출량 감축, 협력사 동참 요구 • 테슬라 : 아동착취 · 환경오염 이슈가 있는 코발트 함유 비중 절감 요구 • 월마트 : 근로자 급여수준, 노동운동 자유, 성차별 금지 등 준수 요구
국내	• 환경 : 일정 수준 이상 재생 플라스틱 원료 사용, 국제 환경인증 요구 • 사회 : 산업안전 전담인력 지정 요청, 노동법 준수, 직원 복리후생 평가 • 지배구조 : 임직원 윤리경영약정 체결 요구

21년 6월 중소기업진흥공단이 중소기업을 대상으로 ESG에 대한 인지 여부를 조사한 결과, 응답 기업 중 46.7%가 ESG에 대해 모른다고 대답하였으며 41.3%가 대충 알고 있다고 대답하였다. 21년 전국경제인연합회 발표에 따르면 선진국 대비(10점 만점) 중소기업의 대응 수준은 단 4점에 불과할 정도로 중소기업의 ESG에 대한 대응 역량 또한 부족한 상황이다.

<참고> 중소기업 ESG 관련 현장의 목소리

◇ 중소기업 인식 수준 관련

• (**현장 목소리**) ESG가 이윤이 도움이 된다고 이해하면 자발적으로 동참할 것이나, **아직 이해가 부족**하고 **대기업 등의 지원도 미흡**

- 현장에서는 손에 잡히는 사례가 중요한데, **국내 ESG 사례는 부족**

• (**실태조사 결과**) ESG에 대해 **모르는 중소기업이 절반 수준***이며, 대부분의 중소기업이 **ESG 평가 경험이 없다****고 응답

* ESG에 대해 모른다 (46.7%), ** ESG 평가 경험이 없다 (92.0%)

☞ 중소기업 **ESG 인식제고**와 체계적 준비를 위한 **생태계 조성이 우선**이며, **국내 ESG 사례발굴** 및 전용 플랫폼을 통한 **정보제공 필요**

◇ 중소기업 ESG 가이드라인 관련

• (**현장 목소리**) 현재 활용되는 ESG 지표는 **중소기업 현실**에 맞지 않으므로, **자가진단 등 최소수준부터 시작**하는 것이 바람직

• (**실태조사 결과**) 중소기업 **정책수요**는 ESG 우수기업 **자금지원**(53.3%), **진단·컨설팅**(38.3%), **가이드라인** 등 정보제공(29.7%), **교육**(20.3%) 順

☞ 중소기업의 **자가진단용 ESG 체크리스트**를 마련하고, 단계적으로 **고도화**

◇ ESG 부문별 맞춤형 지원 관련

• (**현장 목소리**) 중소기업은 대주주나 오너가 전권을 행사하다가 **ESG가 이슈**가 되어 투명경영 등 해야 한다고 하니 **현실적으로 부담**

• (**실태조사 결과**) 기업의 **사회적 책임(CSR) 관련 경영활동** 실천 경험(46.6%)은 있으나, **환경 부문 준비는 가장 큰 부담***으로 인식

* 가장 준비가 어려운 ESG 부문 : 환경 (47.7%), 사회 (32.8%), 지배구조 (15.1%)

☞ 중소기업 부담이 큰 **환경(E) 분야는 별도 지원방안을 마련**하고, **사회(S) 및 지배구조(G) 분야**는 인센티브 제공 등으로 **실천 문화를 확산**

출처 : 중소벤처기업부, 중소기업 ESG 촉진방안, 2021. 11. 23.

중소기업 ESG 기본 방향

중소벤처기업부는 중소기업의 현실을 고려하여 "규율"보다는 "지원"에 초점을 두고 ESG 인식 제고부터 본격 도입까지 단계별·체계적으로 뒷받침하여 중소기업의 부담을 최소화하고 민간의 자발적 참여를 유도하기 위하여 다음과 같이 3가지 기본방향을 설정하였다.

첫째, 자가진단에 활용할 수 있는 "ESG 체크리스트"를 마련하고 교육·컨설팅 및 사례홍보 등을 활용하여 중소기업의 ESG 인식 제고.

둘째, 대기업 등의 협력사 지원을 촉진하고 ESG 분야 스타트업 육성 등 ESG 생태계를 조성하고 탄소중립 등 ESG 부문별 맞춤형 지원으로 생태계 뒷받침. 또한 글로벌 ESG 확산에 우선 영향을 받는 수출기업, 고탄소 업종 기업을 집중 지원하고, 사회(S)·거버넌스(G)분야 우수기업에 인센티브를 부여하여 실천 문화 확산.

셋째, 중소기업 ESG 민·관 협의회를 구성하여 ESG 확산을 위한 소통과 협력을 강화하고 지역과 민간 연계를 통한 중소기업 ESG 거버넌스 확산.

중소기업 ESG 기본방향

중소기업의 ESG 경영 참여를 통한
저탄소(E) · 포용(S) · 공정(G) 경제로의 대전환 촉진

✓ESG 자가진단 50,000개사/年
✓ESG 심층진단 600건/年
✓ESG 교육·컨설팅 5,000개사/年
✓中企 ESG 우수사례 공시 50건/年

"규율"보다 "지원"에 초점	⇒	중소기업 부담·혼란 최소화
ESG 인식개선 중점 추진	⇒	자발적·능동적 참여 유도
인프라 구축 및 인센티브 설계	⇒	공공부문이 ESG 확산 뒷받침

① 중소기업 ESG 인식제고	② 중소기업 ESG 생태계 조성	③ 중소기업 ESG 거버넌스 구축
◆ **중소기업 맞춤형 ESG 체크리스트 마련·활용** - 온라인 자가진단 서비스 - 중소기업 ESG 플랫폼 - 체크리스트 고도화 및 中企 지원사업 적용 ◆ **ESG 교육 · 컨설팅** - CEO 교육 및 컨설팅 - ESG 전문인력 양성 ◆ **ESG 사례집 발간**	◆ **민간의 자발적인 ESG 확산 유도** - 대·중견·공기업의 협력사 ESG 지원 - ESG 자상한기업 발굴 - ESG 유망 창업기업 육성 ◆ **부문별 맞춤형 지원** - ESG 수출규제 대응 - 중소기업 탄소중립 지원 - 사회적책임경영 확산 - 윤리·지속가능경영 촉진	◆ **거버넌스 구축** - "중소기업 ESG 준비 민·관 협의회" 발족 - ESG 통합 소통채널 ◆ **거버넌스 확산** - (지역) 지방중기청 및 지역중소기업 지원기관, 협·단체 지부 협업 - (민간) 민간 및 해외 ESG 평가기관 협업

출처 : 중소벤처기업부, 중소기업 ESG 촉진방안, 2021. 11. 23.

중소기업 맞춤형 ESG 체크리스트 구성

중소벤처기업부는 ESG에 대한 중소기업의 거부감을 줄이기 위해 가이드라인 대신 체크리스트라는 표현을 사용하여 국내·외 주요 ESG 지표와 "K-ESG 가이드라인('21. 8. 초안)"을 토대로 중소기업이 실천가능하고 필수적인 항목을 선별하여 21년 11월 중소기업 맞춤형 ESG 체크리스트를 제시하였다.

중소기업 맞춤형 ESG 체크리스트는 중소기업의 인식개선을 위하여 환경 분야 10개, 사회 분야 7개, 지배구조 분야 3개 및 ESG 전반에 대한 3개 항목으로 최소수준의 공통지표 23개로 구성되었다. 중소벤처기업부는 향후 업계 의견 등을 반영하여 지속적으로 체크리스트를 수정·보완하여 향후 업종·규모·기업 특성을 반영한 특화지표(수출기업용, 고탄소업종용, 대기업 협력사용 등)를 개발할 계획이다.

중소기업 ESG 체크리스트 구성 체계

E (Environment)			
환경경영 정책	E01 환경목표 수립 및 계획	E02 분야별 목표 수립 여부	E03 친환경 제품개발 또는 환경친화적 공정개선 계획
환경경영 관리	E04 온실가스 배출 관리	E05 수처리·폐수 관리	E06 폐기물 관리
환경경영 성과	E07 전력 사용량 추이	E09 용수사용량 추이	E10 폐기물 재활용 촉진
	E08 재생에너지 사용량 추이		

S (Social)				
사회적책임 정책	S01 정책(목표) 수립			
이해관계자 : 지역사회	S02 지역사회 공헌 프로그램 실행			
이해관계자 : 공급망	S03 공정한 계약절차 매뉴얼 보유·관리			
이해관계자 : 근로자	S04 사내 취업규칙 보유 및 관리	S05 근로계약서 작성 및 관리	S06 초과근무 기준 보유 및 관리	S07 산재발생 예방 정기 점검·관리

G (Governance)		
지속가능 정책	G01 윤리경영 정책(목표) 수립	
지속가능 관리	G02 비윤리적 이슈관리 기준 보유 및 관리	G03 법규준수 매뉴얼 보유 및 관리

ESG (총괄)			
ESG 정책	Q01 비재무적 성과 공개 여부	Q02 ESG 담당인력 보유 및 역량개발	Q03 지속가능경영 관련 인증

출처 : 중소벤처기업부, 중소기업 ESG 촉진방안, 2021. 11. 23.

ESG 체크리스트 활용

향후 중소벤처기업부는 온라인 자기진단 시스템을 구축하여 ESG 수준 및 개선과제 등 진단결과를 자동으로 발급할 계획이다. 한편 ESG와 관련이 큰 중소기업 지원사업 온라인 신청 시 중소기업이 ESG 자가진단에 필수 참여하도록 연동하여 참여율을 제고할 계획이다.

또한 전문가 현장방문을 통해 사업계획서 검토, 탄소배출 측정 등 ESG

심층진단을 실시하여 기초 수준의 자기진단을 보완하여 장기적으로 중소기업 지원사업 평가 시 ESG 요소를 고려하려고 하고 있다.

중소기업 ESG 체크리스트 활용 방안(안)

◇ 중소기업 ESG 수준 : (낮음) → (높음)

	'21~'22			'23~'25		'26~
체크리스트	최소수준 공통지표 (23개)	심층진단 (전문가 파견)	▶	고도화·유형화 (수출·탄소·협력사 등)	▶	민간 ESG 평가 수준으로 심화
대상기업	자가진단 자율참여 + 중기부 지원사업 참여기업		▶	全부처 중소기업 지원사업 참여기업	▶	일반 중소기업
	최소 5만 개사/年			최소 10만 개사/年		최소 10만 개사/年

출처 : 중소벤처기업부, 중소기업 ESG 촉진방안, 2021. 11. 23.

ESG 체크리스트 활용 방안

아직까지 중소기업을 위한 ESG 개념과 범위가 명확히 정의되어 있지 않아 현재 상태에서 중소기업에 ESG를 요구하는 것은 무리일 것이다. 하지만 금융권, 투자자 및 국가 지원 각종 정책사업에서 향후 중소기업에 ESG를 요구할 것은 자명한 일이다.

ESG 관련 역량을 보유하고 있지 않은 중소기업이 ESG를 자체적으로 도입하기는 어려운 일이다. 이에 본 책은 ESG를 추진하고자 하는 중소기업에 도움을 주기 위하여 ESG 구축 가이드라인을 제시하고자 한다. 중소벤처기업부에서 배포한 ESG 체크리스트를 분석하여 향후 중소벤처기업부가 중소기업 ESG 컨설팅 또는 인증에 어떤 평가항목을 구성할 것인지

유추가 가능하다.

'중소기업 ESG 체크리스트 구성 체계'에서 제시된 23개의 항목은 단순히 "있다, 없다." 또는 "하고 있다, 하고 있지 않다."를 체크하게 되어 있다. 이러한 구조 체계는 실제 ESG를 도입하려는 중소기업에는 전혀 도움이 되지 않는다. 중소벤처기업부가 제공하는 ESG 체크리스트 항목을 활용하여 실제 인증평가에 활용되는 항목별 평가방법 및 증빙서류 그리고 세부 평가문항을 도출하여 ESG 인증을 위해 중소기업이 준비해야 할 사항들에 대해 가급적 자세히 제시하였다.

독자 스스로 ESG 인증위원이라 가정하고 세부평가문항을 하나씩 평가함으로써 ESG 인증에 대비하여 갖춰야 할 프로세스와 증빙 서류를 확인하고 준비할 수 있을 것이라 생각한다.

2. 중소기업 ESG 체크리스트 : 환경영역

환경경영이란 무엇인가

포스코 그룹은 환경·에너지를 경영활동의 주요 요소로 인식하고, 더불어 함께 발전하는 기업시민으로서 지속가능한 저탄소 친환경 경제 구현을 위한 실천사항을 대외적으로 표명하고 있다.

한국전력공사의 경우 전력공급사슬 전반의 친환경 강화를 통해 온실가스 배출 저감과 기후 변화 대응에 적극 노력하고 있으며, 환경경영시스템 강화, 환경위험 대응역량 강화, 대외 파트너십 강화 및 능동적 기후변화 대응이라는 추진전략을 토대로 환경경영에 대응하고 있다.

이와 비슷하게 SK가스는 대기오염물질 저감을 통한 미세먼지 사회문제를 해소하고 온실가스 배출을 저감하여 기후변화에 적극적으로 대응하고자 환경경영방침을 수립하고 다양한 환경경영 활동을 추진하고 있다.

환경경영은 기업이 친환경적인 경영목표를 설정하고 이를 달성하기 위하여 자원과 에너지를 절약하고 온실가스 배출 및 환경오염의 발생을 최소화하는 경영활동을 의미하며, 환경경영을 하고자 한다면 온실가스 줄이기, 에너지 절약하기, 폐기물 줄이기 등 환경경영 목표를 수립하여야 한다.

[E-1] 환경경영정책

환경경영정책은 3개의 세부항목(환경목표 수립 및 계획, 분야별 목표 수립 여부와 친환경 제품개발 또는 환경친화적 공정개선 계획)과 각각 하나의 질문 문항으로 구성되어 있다. 환경경영정책영역에서 중소기업에 요구되는 주요 사항은 다음과 같다.

① 기업의 환경경영 이념 및 방향성을 구체화하기 위하여 CEO가 공식적으로 환경 목표를 수립, 계획하고 선언
② CEO에 의해 수립된 환경목표를 달성하기 위하여 환경 분야별로 단기, 중·장기 세부 목표를 수립
③ 친환경 혁신을 통해 제품을 개발, 생산, 포장, 운송, 판매, 소비하는 전 과정에서 환경오염을 절감

환경경영정책 세부항목 및 질문 문항

E(환경) : 10개		
대분류(3)	세부항목(10)	질문 문항
환경경영 정책	환경목표 수립 및 계획	E01. 귀사의 경영방침 및 사업계획서에 장단기 환경경영 목표가 수립되어 있습니까?
	분야별 목표	E02. 귀사의 경영방침 및 사업계획서에 반영된 환경경영 목표 분야를 체크하십시오.
	친환경 혁신 실행	E03. 귀사의 경영방침 및 사업계획서상에 친환경제품 개발 또는 환경친화적 공정개선 계획이 포함되어 있습니까?

기업이 환경경영에 대한 전문성 및 이해도, 목표 의식 등을 바탕으로 중장기(3개년) 발전 계획 및 이에 따른 세부 실행계획에 따라 운영되고 있으며, 기업 운영 시 발생·축적되는 다양한 형태의 개선 사항 및 정보 등을 체계적으로 관리·조치하고 있는지를 평가

평가항목
① 환경목표 수립 및 계획

평가방법	
▶ 세부평가문항 ①	CEO의 환경경영 간담회, 세미나 등의 참석 및 발표, 투고 및 기고 현황 자료 등을 토대로 정량적 평가
▶ 세부평가문항 ②	CEO의 환경경영에 대한 실천 의지를 대외적으로 공표하고 환경경영문화를 이끌어 가고자 하는지 정량적 평가
▶ 세부평가문항 ③	CEO의 환경경영에 대한 실천 의지를 기업의 중장기 사업 계획서에 반영하고 있는지 정량적 평가

증빙서류 및 주의사항	
▶ 증빙서류	사업계획서, 환경경영 간담회, 세미나 등의 참석 및 발표, 투고 및 기고 현황 자료, 대내외 환경경영에 대한 의지 표명 자료(기업 홈페이지 등)

▶ 주의사항	중소기업의 경우 별도 환경 전담조직을 설치하고 전문인력을 배치하는 것이 어렵기 때문에 중소기업의 현실을 반영하여 평가. 사업계획서는 기업에 요구되는 환경 책임 수준을 파악하고 이를 달성하기 위한 포괄적·장기적 환경목표 및 계획이 수립되어 있는가를 점검

세부평가문항		
구분	Y	N
① 기업대표자는 환경경영에 대한 현황 및 최신 동향을 파악하고 있다.		
② 기업대표자는 환경경영을 위해 수행해야 할 역할을 이해하고 있을 뿐만 아니라, 이를 구성원 및 외부와 공유하고 있다.		
③ 기업의 중장기 사업전략에 기업대표자의 환경경영에 대한 의지를 반영하고 있다.		

평가항목
② 분야별 목표 수립

평가방법	
▶ 세부평가문항 ①	기업의 업종이나 특수성에 따라 환경 분야별 중요사안이 다르기 때문에 기업별로 환경 관련 중요도나 실행 가능성이 높은 사안을 선정하였는지 정량적 평가
▶ 세부평가문항 ②	전사적 차원의 환경목표를 달성하기 위해 분야별 구체적인 기간별(단기, 중·장기) 측정 가능한 세부 목표를 설정하였는지 정성적 판단으로 평가
▶ 세부평가문항 ③	세부 목표 달성을 위해 구체적인 실행계획을 수립하고 모든 직원의 적극적인 참여를 권장하고 있는지 정량적 평가
▶ 세부평가문항 ④	설정된 분야별 세부 목표, 실행계획, 달성 여부를 기록하여 대외적으로 보관 및 공개하고 있는지 정성적 평가

증빙서류 및 주의사항	
▶ 증빙서류	환경 관련 기업 내부 중요사안과 해결 가능한 사안 분석 서류, 기간별 설정된 세부 목표, 분야별 담당자 및 실행에 필요한 시간 및 비용 추정 여부, 세부 목표 및 달성도 홈페이지 공개 여부
▶ 주의사항	세부 목표 설정 시 구체적인 수치로 달성 가능한 기간을 제시하여야 함

세부평가문항		
구분	Y	N
① 기업은 중요사안에 따라 해결 가능한 환경 분야를 선정하고 있다.		
② 기업은 기간별로 구체적이고 실현 가능한 세부 목표를 선정하고 있다.		
③ 기업은 구체적인 실행 계획을 수립하고 모든 직원의 적극적인 참여를 장려하고 있다.		
④ 기업은 환경문제를 해결하기 위한 기업의 의지와 노력을 홈페이지 등을 통해 외부에 공개하고 있다.		

평가항목
③ 친환경 혁신 실행

평가방법	
▶ 세부평가문항 ①	기업의 특성과 상황을 고려하여 친환경 혁신을 위한 투자 분야(온실가스, 에너지, 폐기물 등) 및 영역(개발, 구매, 회수, 재사용, 재활용 등)을 선정하였는지 정량적 평가
▶ 세부평가문항 ②	선정한 투자 분야와 영역에 대한 소요 시간, 투자 비용, 효과를 구체적으로 파악하여 사업계획서에 반영되었는지 정량적 평가
▶ 세부평가문항 ③	친환경 혁신활동을 적용하고 실행한 내용을 홈페이지 등을 통해 외부에 공개하였는지 정량적 평가

▶ 세부평가문항 ④	친환경제품 개발 또는 환경친화적 공정개선 계획이 포함되어 있으며 그에 따른 실적을 보유하고 있는지 정량적 평가

증빙서류 및 주의사항	
▶ 증빙서류	친환경제품 개발 또는 공정개선 사업계획서, 실적 및 개선 보고서, 실행에 필요한 시간, 비용 및 효과 분석, 혁신활동 홈페이지 공개 여부
▶ 주의사항	성과를 모니터링하고 분석하여 개선사항을 도출하여 계획을 수립하는 PDCA 순환과정을 반영

세부평가문항		
구분	Y	N
① 기업은 친환경 혁신을 위하여 투자 분야와 영역을 선정하고 있다.		
② 기업은 소요 시간, 투자 비용, 효과에 대해 구체적으로 파악하고 있다.		
③ 기업은 친환경 혁신활동에 대한 활동과 성과를 홈페이지 등을 통해 공개하고 있다.		
④ 기업은 친환경 혁신활동에 대한 실적을 보유하고 있다.		

[E-2] 환경경영관리

환경경영관리는 온실가스 배출관리, (폐)수 처리, 폐기물 관리 3개의 세부항목과 각각 하나의 질문 문항으로 구성되어 있다. 환경경영관리영역에서 중소기업에 요구되는 주요 사항은 다음과 같다.

① 기업의 경영활동으로 발생하는 온실가스를 감축하기 위한 관리 및

개선 활동

② 수자원의 효율적인 활용을 위해 용수 사용을 줄이거나 폐수처리 시설을 통해 폐수 발생을 절감

③ 제품 및 서비스를 생산, 운송, 판매하는 전 과정에서 자원의 사용을 원천적으로 줄이거나 재활용, 재사용이 가능하도록 개선하여 폐기물 배출을 최소화하고 이를 적절하게 처리

환경경영관리 세부항목 및 질문 문항

E(환경) : 10개		
대분류(3)	세부항목(10)	질문 문항
환경경영 관리	온실가스 배출관리	E04. 귀사의 온실가스 및 대기오염물질 관리 매뉴얼 보유 여부와 관리수준을 체크하십시오.
	(폐)수 처리	E05. 귀사의 수질관리 매뉴얼 보유 여부와 관리수준을 체크하십시오.
	폐기물관리	E06. 귀사의 폐기물관리 매뉴얼 보유 여부와 관리수준을 체크하십시오.

중소벤처기업부는 '중소벤처기업을 위한 ESG 경영안내서 솔루션편'에서 기업의 환경경영관리 활동을 측정 활동 → 관리 매뉴얼 개발 → 감축 활동 이행 → 모니터링 및 외부공개의 4가지 단계로 제시하였다. 기업은 관리 활동을 규정화하고 측정과 분석을 통해 개선된 결과를 매뉴얼 및 사업계획서에 반영하고 운영하여 환경경영관리 활동을 원활히 수행할 수 있다.

그러나 기업은 환경경영관리 활동을 단발성 활동으로 만들지 않기 위

해서 내재화를 시도하여야 한다. 기업의 최고 경영자는 환경경영관리 활동을 내재화하기 위해서 다음 3가지 사항에 대해 적극적으로 지원할 필요가 있다.

① 조직문화 개선
- 환경경영관리 활동은 전문가가 하는 일이 아니라 조직 구성원 전체가 하는 일이라는 인식이 기업문화로 형성되어야 한다.
- 지속가능한 환경경영관리 활동의 성공적인 적용과 효과적인 대응은 조직문화의 변화에 기인한다.

② 기술과 숙련도 확보
- 환경경영관리 활동 내에서 특정 역할을 수행하는 담당자는 해당 업무를 수행하는 데 필요한 기술과 숙련도를 확보하여야 한다.

③ 교육 프로그램
- 환경경영관리 활동 내 각 역할에 대한 기술과 숙련도에 대한 평가를 바탕으로 이에 대한 수준 향상을 위한 다양한 교육 프로그램이 마련되어야 한다.

기업이 온실가스를 감축하기 위한 관리 및 개선 활동, 수자원의 효율적인 활용, 기업 전반 활동에서 폐기물 배출을 최소화하고 적법하게 처리하고 지속적인 관리활동을 이어가고 있는지를 평가

평가항목
① 온실가스 및 대기오염물질 관리

평가방법	
▶ 세부평가문항 ①	온실가스·대기오염물질 관리를 위한 매뉴얼을 자체적으로 보유하고 있는지 정량적 평가
▶ 세부평가문항 ②	매뉴얼을 토대로 측정된 결과를 분석하여 지속적으로 개선하여 사업계획서에 반영하고 있는지 정량적 평가
▶ 세부평가문항 ③	온실가스 배출 현황, 관리 및 성과를 주기적으로 기록하여 보관하고 외부에 공개하는지 정량적 평가

증빙서류 및 주의사항	
▶ 증빙서류	온실가스·대기오염물질 관리 매뉴얼, 결과 분석 및 개선 사항 도출 자료, 사업계획서 반영 여부, 온실가스·대기오염물질 절감활동에 대한 외부 공개 자료(기업 홈페이지 등)
▶ 주의사항	성과를 모니터링하고 분석하여 개선 사항을 도출하여 계획을 수립하는 PDCA 순환과정을 반영

세부평가문항		
구분	Y	N
① 기업은 온실가스·대기오염물질 관리를 위한 자체 매뉴얼을 보유하고 있다.		
② 기업은 측정결과를 분석하여 개선사항을 도출하고 그 내용을 사업계획서에 지속적으로 반영하고 있다.		
③ 기업은 온실가스·대기오염물질 관리 활동과 성과를 홈페이지 등을 활용하여 외부에 공개하고 있다.		

평가항목
② 수처리 및 폐수 관리

평가방법	
▶ 세부평가문항 ①	수처리 및 폐수 관리를 위한 매뉴얼을 자체적으로 보유하고 있는지 정량적 평가

▶ 세부평가문항 ②	매뉴얼을 토대로 측정된 결과를 분석하여 지속적으로 개선하여 사업계획서에 반영하고 있는지 정량적 평가
▶ 세부평가문항 ③	용수사용 및 폐수 배출 현황, 관리 및 성과를 주기적으로 기록하여 보관하고 외부에 공개하는지 정량적 평가

증빙서류 및 주의사항	
▶ 증빙서류	수처리 및 폐수 관리 매뉴얼, 결과 분석 및 개선 사항 도출 자료, 사업계획서 반영 여부, 수처리 및 폐수 절감활동에 대한 외부 공개 자료(기업 홈페이지 등)
▶ 주의사항	성과를 모니터링하고 분석하여 개선 사항을 도출하여 계획을 수립하는 PDCA 순환과정을 반영

세부평가문항		
구분	Y	N
① 기업은 수처리 및 폐수 관리를 위한 자체 매뉴얼을 보유하고 있다.		
② 기업은 측정결과를 분석하여 개선사항을 도출하고 그 내용을 사업계획서에 지속적으로 반영하고 있다.		
③ 기업은 수처리 및 폐수 관리 활동과 성과를 홈페이지 등을 활용하여 외부에 공개하고 있다.		

평가항목
③ 폐기물 관리

평가방법	
▶ 세부평가문항 ①	폐기물 관리를 위한 매뉴얼을 자체적으로 보유하고 있는지 정량적 평가
▶ 세부평가문항 ②	매뉴얼을 토대로 측정된 결과를 분석하여 지속적으로 개선하여 사업계획서에 반영하고 있는지 정량적 평가
▶ 세부평가문항 ③	폐기물 배출 현황, 관리 및 성과를 주기적으로 기록하여 보관하고 외부에 공개하는지 정량적 평가

증빙서류 및 주의사항	
▶ 증빙서류	폐기물 관리 매뉴얼, 결과 분석 및 개선 사항 도출 자료, 사업계획서 반영 여부, 폐기물 절감활동에 대한 외부 공개 자료(기업 홈페이지 등)
▶ 주의사항	성과를 모니터링하고 분석하여 개선 사항을 도출하여 계획을 수립하는 PDCA 순환과정을 반영

세부평가문항		
구분	Y	N
① 기업은 폐기물 관리를 위한 자체 매뉴얼을 보유하고 있다.		
② 기업은 측정결과를 분석하여 개선사항을 도출하고 그 내용을 사업계획서에 지속적으로 반영하고 있다.		
③ 기업은 폐기물 관리 활동과 성과를 홈페이지 등을 활용하여 외부에 공개하고 있다.		

[E-3] 환경경영성과

환경경영성과는 전력 사용량 추이, 재생에너지 사용, 용수사용량 추이, 폐기물 재활용 4개의 세부항목과 각각 하나의 질문 문항으로 구성되어 있다. 환경경영성과영역에서 중소기업에 요구되는 주요 사항은 다음과 같다.

① 에너지 효율 향상, 고효율 설비 도입, 건물 단열 강화, 연비 개선 등을 통한 에너지 사용량 관리

② 재생에너지 사용을 통해 환경 피해를 줄이고 기후변화 방지에 기여

③ 수자원의 효율적인 활용을 위해 용수 사용 관리를 통해 실질적 성과

도출

④ 제품 및 서비스를 생산, 운송, 판매하는 전 과정에서 자원의 사용을 원천적으로 줄이거나 재활용, 재사용이 가능하도록 개선하여 폐기물 배출을 최소화하고 직접적인 관리활동을 통해 실질적 성과 도출

환경경영성과 유지관리 프로세스는 환경경영에 대한 기업의 역량이 내부 비즈니스 프로세스의 변경이나 외부적인 영향을 받더라도 변함없이 효과적으로 유지되어야 한다. 환경경영성과 유지관리에는 모니터링 및 평가, 경영진 검토, 개선 및 문화 확산 활동이 포함되어야 한다. 이를 통해 기업의 환경경영성과 유지관리 전 과정에 대한 실행 측면에서 개선점을 찾을 수 있다. 환경경영성과의 유효성과 효율성을 모니터링하고 검토하는 것은 경영진의 책임이다. 경영진은 연속성 정책, 목표 및 적용범위의 적절성 등을 검토하고, 교정 및 개선을 위한 조치를 결정하고 승인해야 한다. 임직원의 적극적인 참여와 지속적 유지보수를 바탕으로 지속적인 성장기반을 마련할 수 있다.

환경경영성과 유지관리 프로세스

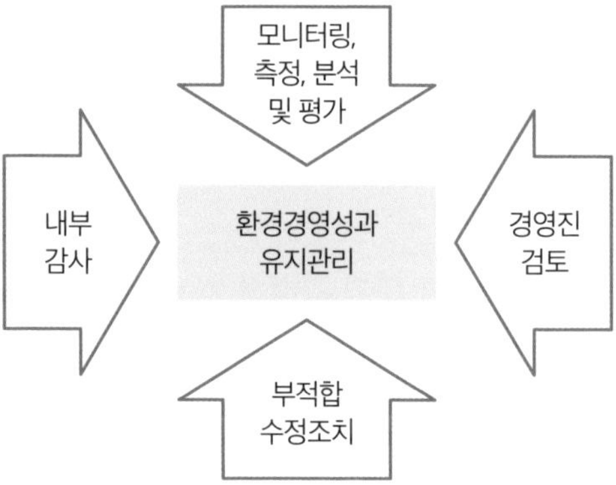

환경경영성과 영역은 [E-2] 환경경영관리 활동을 통해 결과로 나타나는 사용량 추이를 지속적으로 기록하고 감시하여 개선 사항을 도출하기 위한 단계이다.

환경경영성과 세부항목 및 질문 문항

E(환경) : 10개		
대분류(3)	세부항목(10)	질문 문항
환경경영성과	전력 사용량 추이	E07. 최근 3개년 에너지(전력) 사용량 추이를 기재하여 주십시오.
	재생에너지 사용	E08. 사업장 내 재생에너지 사용 여부와 사용량을 기재하여 주십시오.
	용수사용량 추이	E09. 최근 3개년 용수사용량 추이를 기재하여 주십시오.
	폐기물 재활용	E10. 폐기물을 재활용하여 사용하고 있거나 사용할 계획이 있습니까?

기업이 환경경영에 대한 기업의 역량이 내부 비즈니스 프로세스의 변경이나 외부적인 영향을 받더라도 변함없이 효과적으로 유지하기 위하여 모니터링 및 평가, 경영진 검토, 개선 및 문화 확산 활동을 통해 환경경영성과 유지관리 전 과정에 대한 실행 측면에서 개선점을 찾고 있는지를 평가

평가항목
환경경영성과 유지관리

평가방법	
▶ 세부평가문항 ①	수시 · 정기로 자체 평가를 실시하여 환경경영성과를 유지하기 위한 개선 사항을 찾고 있는지 정량적 평가

▶ 세부평가문항 ②	환경경영 운영 및 유지관리 결과를 근거로, 개선점을 밝혀내고 환경경영성과를 유지하기 위한 관리 계획을 재검토하고 방향성을 설정하는지 정량적 평가
▶ 세부평가문항 ③	환경경영성과 유지관리에 영향을 주는 부적합 사항 및 개선점을 파악하고 그에 대한 시정 및 예방 조치 활동을 하고 있는지 정량적 평가

증빙서류 및 주의사항	
▶ 증빙서류	환경경영성과 유지관리를 위한 자체 모니터링 및 평가 서류, 경영진 보고 및 경영진 조치 사항, 부적합 사항 조치 및 예방 조치 활동에 대한 서류
▶ 주의사항	성과를 모니터링하고 분석하여 개선 사항을 도출하여 계획을 수립하는 PDCA 순환과정을 반영

세부평가문항		
구분	Y	N
① 기업은 수시·정기적으로 환경경영성과에 대해 자체 평가를 실시하고 있다.		
② 자체 평가 결과를 토대로 개선점을 보고하고 보고된 문서를 토대로 경영진은 환경경영성과 유지관리계획을 재검토하고 방향성을 설정하고 있다.		
③ 기업은 부적합 사항 및 개선점을 파악하고 그에 대한 시정 및 예방 조치 활동을 하고 있다.		

3. 중소기업 ESG 체크리스트 : 사회영역

사회책임경영이란 무엇인가

사회책임경영은 기업의 사회적 책임(CSR : Corporate Social Responsibility)이라고도 하며, 기업활동에 의해 영향을 받거나 영향을 주는 직·간접적 이해관계자들에 대하여 발생 가능한 제반 이슈들에 대한 법적, 경제적, 윤리적 책임을 감당할 뿐 아니라, 기업의 리스크를 줄이고 기회를 포착하여 중장기적 기업가치를 제고할 수 있도록 추진하는 일련의 "이해관계자 기반 경영활동"이라고 할 수 있다. 간단히 말하자면, 사회에 대한 기업의 책임 있는 경영활동을 뜻하며 기업활동으로 인해 발생하는 사회적 영향에 대해 기업이 투명하고 윤리적인 방법으로 책임을 지는 것을 의미한다.

CSR 정의

CSR(Corporate Social Responsibility, 기업의 사회적 책임)이란 ?

제반 이슈들에 대한 법적, 경제적, 윤리적 책임을 감당	기업의 리스크를 줄이고 기회를 포착하여 중장기전 기업가치를 제고할 수 있도록 추진하는 일련의"이해관계자 기반 경영활동"

출처 : 중소벤처 24, CSR 사회적 책임경영

중소기업의 경우 대기업에 비해 규모나 기업환경 등 여러 가지 특성에서 다음과 같은 큰 차이가 있다.

① 중소기업은 일반적으로 소유와 경영이 분리되지 않으며, 경영자가 여러 업무를 동시에 수행하고 있음. 따라서 CSR을 수행할 수 있는 시간적 여유와 전문적 지식이 부족하고 또한 경영자가 CSR에 대한 의지를 갖지 않는다면 추진이 불가능한 상황이다.

② 중소기업은 대부분 자본금이 소액이며, 낮은 부가가치를 가지며, 이로 인해 수익성이 약하며 자금이 부족함. 따라서 CSR 수행 예산 등 경제적 여건을 마련하기 어려운 실정이다.

③ 중소기업은 노동집약적인 영업을 영위하는 경우가 많아 노동력의 안전성 유무가 기업경영의 성패를 좌우하기도 함. 특히 외국인 노동자들을 고용한 국내 중소기업의 산재사고나 외국에 진출해 있는 중소기업들의 부당한 '한국식 노무관리' 방식은 CSR과 관련하여 크게 문제가 될 수 있다.

④ 중소기업은 일정한 지역에 유사한 업종이 집중하여 공단을 형성하는 경향이 있음. 이에 따라 전체 사회보다는 지역 사회에 대한 CSR을 중시하기에 지역 사회의 환경보호, 고용 · 경제발전, 교육 · 지역문화에의 공헌 등이 CSR과 관련이 있다.

⑤ 중소기업은 대기업이나 다국적기업에 부품을 공급하거나 일부 공정을 아웃소싱하는 하청기업이 다수임. 따라서 소위 공급사슬(Supply Chain) CSR의 영향력이 지대하다.(CSR 추진 중소기업 56%는 대기업 또는 다국적기업과 거래하는 협력회사로서 공급사슬 CSR에 해당됨)

중소기업 CSR 기대효과

출처 : 중소벤처 24, CSR 사회적 책임경영

CSR 관련 서적 저자로 잘 알려진 밥 윌라드(Bob Willard)는 '일반적인 기업이라면 지속가능경영 전략을 통해 5년 이상 38%의 수익을 달성할 수 있다'라고 말했다. 이는 재무적 성과만을 의미하는 것이 아니라 사회적, 환경적으로 얻는 성과 또한 의미하는 것이다. 기업은 CSR 경영을 통해 생산 비용을 줄이고 시장 점유율과 수익을 향상시킬 수 있고 환경적으로 부정적 효과를 최소화하면서 긍정적인 사회 영향력을 확대할 수 있다. 대기업과 마찬가지로 중소기업은 CSR을 통해 내부역량, 외부경쟁력 향상 및 이해관계자와의 관계를 강화할 수 있다.

LG패션 아웃도어 브랜드 '라푸마'는 최근 국립공원과 함께 '깃대종 보호 캠페인'을 전개, 수익금 일부를 생태환경을 살리는 데 지원하고 있다. 라푸마는 이러한 국립공원의 생태계 보존을 위해 최근 '깃대종 티셔츠'까지 제작했다. 향후 다양한 제품들로 확대한다는 계획 중이다. 서준원 LG패션 라푸마 의류 부장은 "평소 환경 보호에 관심이 많은 젊은 층 고객을 비롯해 아이들과 함께 자연 친화 교육에 나서는 부모를 중심으로 티셔츠 구매가 늘어나는 등 깃대종 셔츠가 고객들로부터 좋은 반응을 얻고 있다"고 말했다.

기업 CSR 활동

LG패션 라푸마

코카콜라 하천 오염 활동

출처 : 중소벤처 24, CSR 사회적 책임경영

코카콜라는 주력 제품의 이미지에 맞는 '물 사용' 및 '하천 보호'와 관련된 활동에 역량을 집중하고 있다. 아마존 등 세계 4대 하천의 오염을 줄이는 프로젝트를 통해 콜라에 사용되는 물에 대한 이미지 호감도가 상승하고 그에 따른 콜라의 브랜드 이미지를 제고할 수 있다는 측면에서 긍정적으로 보이고 있다. 코카콜라는 물사용과 관련하여 Reduce, Recycle, Replenish를 핵심가치로 사회책임경영활동을 펼치고 있다.

중소기업 CSR Framework

중소기업 CSR경영 Framework는 CSR 경영성과를 수립하고 향상시키기 위한 단계별 프로세스이며, Framework은 4단계로 구성되어 있다.

중소기업 CSR Framework

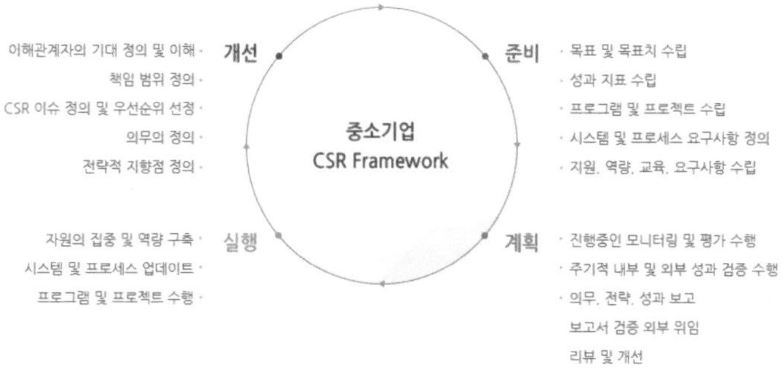

이 단계들은 기업의 가장 중요한 CSR 이슈를 관리하는 데 필요한 시스템적 접근을 제시한다. 각 단계는 다양한 요소들을 포함하고 각 요소들은 이를 달성하기 위한 활동들을 나열하고 있으며, 각 활동들은 현재 기업의 관리방식과 통합·연계되어야 한다.

[S-1] 사회적 책임 정책

기업이 경영활동에서 발생할 수 있는 인권침해, 산업재해, 공급망 위험 등의 부정적인 영향을 사전에 방지하고 문제 발생 시 적절한 조치를 취하기 위해서는 사회적 책임 정책 수립이 필요하다.

사회적 책임 정책 세부항목 및 질문 문항

S(사회) : 7개		
대분류(4)	**세부항목(7)**	**질문 문항**
사회적 책임 정책	정책(목표) 수립	S01. 귀사의 경영방침 및 사업계획서에 반영된 사회적 책임 경영 정책(목표) 분야를 체크하십시오.

기업의 경영방침 및 사업계획서에 경영활동에서 발생할 수 있는 인권, 산업재해, 공급망 위험 등 부정적 영향을 사전에 방지하고 적절한 조치를 취하고 있는지를 평가

평가항목
사회적 책임 정책

평가방법	
▶ 세부평가문항 ①	사회적 책임활동을 원활히 수행하기 위해 최고경영자가 사회적 책임에 대한 중요성을 인식하고 실천 의지를 보여 주는지 정량적 평가
▶ 세부평가문항 ②	사회적 책임으로 인한 위험요소를 제거하기 위해 환경분석을 통해 위험요소와 기회요소를 식별하는지 정량적 평가
▶ 세부평가문항 ③	기업의 여건에 맞추어 지역사회공헌 프로그램, 공급망 근로자를 위한 사회적 책임과 관련된 구체적인 세부목표를 수립하는지 정성적 판단으로 평가

▶ 세부평가문항 ④	사회적 책임활동을 위한 목표를 수립 후 문서화하여 이해관계자들에게 적극적으로 알리고 있는지 정량적 평가

증빙서류 및 주의사항	
▶ 증빙서류	기업 비전 또는 사회적 책임활동 비전 수립, 환경분석 및 기간별 설정된 세부목표, 분야별 담당자 및 실행에 필요한 시간 및 비용 추정 여부, 세부 목표 및 달성도 홈페이지 공개 여부
▶ 주의사항	사업계획서는 기업에 요구되는 환경 책임 수준을 파악하고 이를 달성하기 위한 포괄적·장기적 환경목표 및 계획이 수립 되어 있는가를 점검

세부평가문항		
구분	Y	N
① 기업의 비전에 부합하는 사회적 책임활동 비전이 수립 되어 있다.		
② 환경분석을 통해 위험요소와 기회요소를 구분하고 있다.		
③ 사회적 책임 정책을 달성하기 위한 기간별로 구체적이고 실현 가능한 목표를 수립하고 있다.		
④ 기업은 사회적 책임 정책을 홈페이지 등을 활용 기업 내·외부에 공개하고 있다.		

[S-2] 지역사회

기업은 지역사회의 일원으로서 공헌하는 것뿐만 아니라 지역사회와 원만한 관계를 유지하여 지역사회의 복지와 발전에 기여하여야 한다.

삼성생명의 경우 이웃과 더불어 성장하는 사회적 동반자로서 역할을 다하고, 지역 사회 발전에 기여하고자 1사 1촌 결연, SAFE communities, 사업부별 봉사활동 등 다양한 봉사활동을 실시하고 있다.

현대해상화재보험은 전사적 봉사활동, 사랑나눔장터, 도서관 마음心터, 광화문 음악회, 1사1교 금융 교육, 금융교육 뮤지컬, 드림플러스 기금, 나눔티존 등의 활동을 통해 지역사회에 공헌하고 있다.

2019년 비영리단체와 파트너십을 맺고 꾸준한 지역 사회공헌 활동을 펼친 기업과 기관을 발굴하여 그 공로를 지역사회가 인정해 주는 '지역사회공헌 인정제'가 만들어져 2019년 121개소, 2020년 265개소, 2021년 350개소가 이웃을 위한 지속가능한 지역복지공동체 구축에 힘쓰고 있다고 인정을 받았다.

지역사회공헌 인정제 마크 및 의미

	인정패 의미	지역사회를 기반으로 주민, 비영리단체, 기업, 정부와 협력과 조화를 통한 지역사회공헌 활성화에 기여한 공로 표징
	C 디자인 의미	Community(지역사회), Change(변화), Collective Impact(협력), Certification(인정)
	사용범위(기간)	명함과 홍보물 등에 인정마크 표출 허용(1년)

출처 : 지역사회공헌인정제 홈페이지

ESG 체크리스트에서 지역사회에 관한 질문 문항은 다음과 같이 하나로 구성되어 있으며 기업이 지역사회공헌 참여 프로그램을 운영하고 있으며, 개선사항을 반영하고 관리하고 있는가를 묻고 있다. 이를 토대로 다음과 같이 평가문항을 도출할 수 있다.

지역사회 세부항목 및 질문 문항

S(사회) : 1개		
대분류(4)	세부항목(7)	질문 문항
지역사회	지역사회공헌	S02. 지역사회공헌 참여 프로그램을 운영하고 있으며, 개선 사항을 반영하고 관리하고 있습니까?

지역사회의 일원으로서 공헌 외 지역사회와 원만한 관계를 유지하여 대기오염, 소음공해, 사고 발생 시 민원신고 등의 위험을 최소화하고 있는지를 평가

평가항목
지역사회 공헌

평가방법	
▶ 세부평가문항 ①	지역사회 공헌 프로그램을 시행하기 위해 예산과 인력을 확보하고 있는지 정량적 평가
▶ 세부평가문항 ②	기업의 활용 가능한 예산과 인력을 토대로 실현 가능한 지역사회 공헌 프로그램을 개발하였는지 정성적 판단으로 평가
▶ 세부평가문항 ③	지역사회 공헌 프로그램이 효과적으로 수행되었는지 자체적으로 모니터링하고 개선점을 도출하여 차기 프로그램에 반영하였는지 정량적 평가
▶ 세부평가문항 ④	지역사회 공헌 프로그램 결과를 문서화하여 이해관계자들에게 적극적으로 알리고 있는지 정량적 평가

증빙서류 및 주의사항	
▶ 증빙서류	지역사회 공험 프로그램 예산 및 담당 인력, 공헌 프로그램, 프로그램 수행 일정, 프로그램 효과 분석 및 개선사항 도출, 차년도 공헌 프로그램 반영 정도, 달성도 홈페이지 공개 여부
▶ 주의사항	지역사회 공헌 프로그램 실적 공개는 언론, 기업 홈페이지, 지속가능경영보고서 등을 활용하고 있는가를 점검

세부평가문항		
구분	Y	N
① 기업은 지역사회 공헌 프로그램을 위해 예산과 전담 인력을 선정하고 있다.		
② 기업은 실현가능하고 구체적인 지역사회 공헌 프로그램을 수립하고 있다.		
③ 기업은 프로그램이 수행 여부를 모니터링하고 차기 프로그램에 개선사항을 반영하고 있다.		
④ 기업은 지역사회 공헌 실적을 홈페이지 등을 활용 기업 내·외부에 공개하고 있다.		

[S-3] 공급망 공정거래

공정거래 이행은 공정한 방법으로 거래하는 행위로 자유로운 시장 경쟁을 저해하거나 정당하지 못한 방법 등을 사용하여 거래하지 않는 행위를 의미한다. 최근 하도급법과 공정거래 위반 기업에 대한 평가기준이 강화되고 있으며 하도급 공정거래협약 이행평가 시 제조업 등의 기술지원·보호 배점이 기존 3점에서 5점으로 상향될 가능성이 있다.

공정거래협약은 대기업이 그들과 거래하고 있는 중소협력업체와 체결하는 것으로서 대기업과 중소기업이 상호 협력하여 함께 성장해 가기 위한 각종 프로그램을 담고 있다. 공정거래위원회는 기업들이 협약에 담아야 할 원칙과 내용들을 제시하고, 그 이행수준을 점검 및 평가함으로써 기업들이 협약을 내실 있게 운영할 수 있도록 장려하고 있다.

공정거래협약이행평가는 대기업과 중소기업이 상호 공정한 하도급거래질서 정착을 위해 체결한 공정거래협약에 대해 공정거래위원회와 한국공정거래조정원이 그 이행사항을 점검·평가하여 직권조사 면제 등의 인센티브를 부여하는 제도이다.

공정거래협약을 통한 국제경쟁력 강화 메커니즘

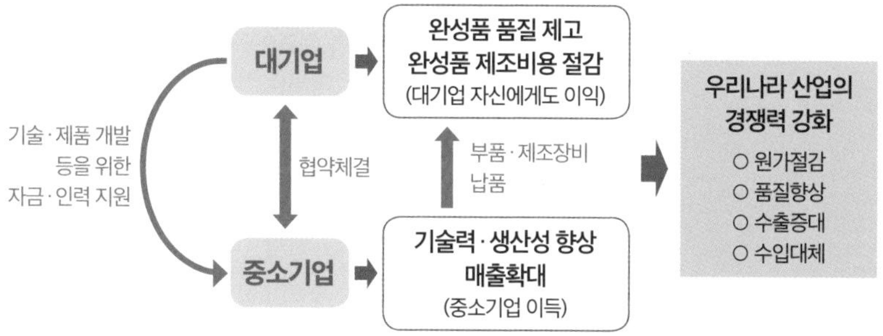

출처 : 한국공정거래조정원 홈페이지

공정거래협약이행평가는 100점 만점으로 평가하며 평가등급에 따라 차등적으로 인센티브를 부여함으로써 기업들이 보다 높은 수준의 협약을 이행할 수 있도록 유도하고 있다. 최우수(95점 이상)등급은 직권조사 2년간 면제, 하도급거래 모범업체 1년간 지정 등의 혜택이 있으며, 양호(85점 이상)등급은 법인 표창 수여(위원장)의 인센티브가 있다.

ESG 체크리스트 공정거래와 관련된 질문 문항은 1개로 구성되어 있으며, 기업이 공정한 계약절차 매뉴얼을 보유·준수하고 있으며 개선사항을 반영하고 관리하고 있는가를 묻고 있다. 이를 토대로 다음과 같이 평가문항을 도출할 수 있다.

공급망 세부항목 및 질문 문항

S(사회) : 1개		
대분류(4)	**세부항목(7)**	**질문 문항**
공급망	공정거래	S03. 공정한 계약절차 매뉴얼을 보유 및 준수하고 있으며, 개선사항을 반영하고 관리하고 있습니까?

기업이 자유 시장경쟁을 저해하거나 정당하지 못한 방법 등을 사용하여 거래하지 않기 위하여 내부적으로 위반항목을 파악하고 제거하기 위해 노력하고 있는지를 평가

평가항목
공정거래 이행

평가방법	
▶ 세부평가문항 ①	기업의 사회활동과 관련하여 공정거래를 저해할 위험이 있는 항목과 이슈를 파악하고 있는지 정성적 판단으로 평가
▶ 세부평가문항 ②	직원의 공정거래에 대한 인식 개선을 위해 자체 윤리규범 혹은 공정거래 규정 및 지침 등의 보유 여부를 정량적으로 평가
▶ 세부평가문항 ③	최고 경영자 및 임원진이 전체 공지 또는 회의를 통해 윤리규범 혹은 공정거래 규정 및 지침에 대하여 구성원들과 공유 여부를 정성적 판단으로 평가
▶ 세부평가문항 ④	전 직원 대상 윤리규범 혹은 공정거래 규정 및 지침에 대한 교육 현황 자료 등을 통해 정량적으로 판단
▶ 세부평가문항 ⑤	공정거래 위반 사항을 모니터링하여 그 결과를 전 직원들에게 공유하고 개선사항을 반영하고 있는지 정량적으로 판단

증빙서류 및 주의사항	
▶ 증빙서류	위험요소 및 대응 방안, 윤리규범 혹은 공정거래 규정 및 지침, 관련 교육 현황 자료(관련 기안문서, 참여자 명단, 교육 이수증 등), 위반사항 적발, 개선 조치 및 공고문

▶ 주의사항	시장지배적 지위를 남용하는 행위, 부당공동행위(담합)이 있는지에 주관점을 두고 평가

세부평가문항		
구분	Y	N
① 기업은 공정거래를 저해할 위험요소들과 이슈들을 지속적으로 파악하고자 노력하고 있다.		
② 기업은 자체적으로 윤리규범 혹은 공정거래 규정 및 지침 등을 수립하고 있다.		
③ 기업은 윤리규범 혹은 공정거래 관련 규정 및 지침 등을 직원들과 공유하고 있다.		
④ 기업은 직원들을 대상으로 공정거래 관련 교육(법, 규정, 지침 등)을 정기적으로 실시하고 있다.		
⑤ 기업은 위반 사항을 적발하기 위하여 자체적으로 모니터링을 실시하며 적발 결과와 조치사항을 직원들과 공유하고 있다.		

[S-4] 근로자

사업장은 반드시 규모에 따라 노동관계법을 준수하여야 한다.

노동관계법은 상시 5인 이상 기업부터 단계적으로 적용되며 상시 4인 이하 사업에 대해 근로기준법 적용을 배제한 이유에 대해서는 어디든 명확한 설명을 찾기가 어렵다. 다만, 헌법재판소는 근로기준법의 확대적용을 위한 지속적인 노력을 기울이는 과정에서 영세사업장의 열악한 현실을 고려하고, 다른 한편으로는 국가의 근로감독능력의 한계를 아울러 고려하면서 근로기준법의 법규범성을 실질적으로 관철하기 위한 입법정책적 결정으로서 합리적인 이유가 있다고 봤다(헌재 1999.9.16. 선고 98헌마310 결정).

헌법재판소 결정에 비추어 볼 때, 국가가 상시 4인 이하 사업에 대해 근로기준법의 전면적용을 배제한 이유는 크게 ① 영세사업장의 열악한 현실(사용자의 지불능력의 한계)과 ② 국가의 근로감독능력의 한계 때문으로 보인다.

근로기준법은 원칙적으로 모든 근로자에게 차별 없이 적용되어야 한다. 따라서 근로기준법은 모든 사업장에 전면적으로 적용되어야 하나, 현재의 경제상황과 영세사업장의 열악한 경영 현실 속에서 근로기준법의 적용범위의 확대로 인한 부작용이 우려된다면 점차 단계별로 확장하는 방식으로 근로기준법의 적용범위를 넓혀가게 될 것이다.

ESG는 근로자를 보는 관점을 바꾸고 있다. 자본주의는 본래 자본 중심, 주주 중심의 기업을 전제로 한다. 자본은 노동을 고용해서 시설과 자원을 투입한 뒤 부가가치를 만들어 낸다. 이 과정에서 노동은 하나의 중요한 자원으로 간주되었다. 하지만 ESG를 통해 이해관계자 자본주의로 전환되면서 근로자를 자원이 아닌 중요한 이해관계자로 간주하기에 노사관계에 커다란 변화가 요구되고 있다.

ESG 체크리스트에서도 근로자 관련 항목을 취업규칙 준수, 근로계약 체결, 초과근로 규정 및 산업재해 예방활동을 중점적으로 강조하고 있다. 이를 토대로 다음과 같이 평가문항을 도출할 수 있다.

근로자 세부항목 및 질문 문항

S(사회) : 4개		
대분류(1)	**세부항목(4)**	**질문 문항**
근로자	취업규칙	S04. 사내 취업규칙을 갖추고 있으며, 내부 이해관계자의 동의를 거쳐 개선사항을 반영하고 관리하고 있습니까?
	근로계약	S05. 근로계약서는 작성·관리되고 있으며, 내부 이해관계자와의 상생협력을 위해 개선사항을 반영하고 관리하고 있습니까?
	초과근로	S06. 초과근무 기준을 갖추고 있으며, 내부 이해관계자의 충분한 동의 절차를 거쳐 개선사항을 반영하고 관리하고 있습니까?
	산업재해	S07. 산재발생 예방 활동 및 안전관리 대상 분야별 정기점검이 이루어지고 있으며, 내부 이해관계자의 충분한 의견을 수렴하여 개선사항을 반영하고 관리하고 있습니까? (화재예방 소화설비 포함)

기업이 노동자의 안전과 인권을 보호하기 위하여 근로기준법을 비롯한 노동관계법을 준수하고 있는지를 평가

평가항목
노동자 안전 및 인권 보호(취업규칙, 근로계약서, 초과근로 및 산업재해 예방)

평가방법	
▶ 세부평가문항 ①	기업의 적법한 절차에 따라 취업규칙 작성 및 개정을 하고 있으며, 개정 시 근로자 동의 확인 등 적법한 절차를 따르고 있는지 정량적으로 판단
▶ 세부평가문항 ②	근로기준법 필수항목이 모두 반영되어 근로계약서를 작성하고 보관하고 있는지 정량적으로 판단
▶ 세부평가문항 ③	내부 이해관계자의 동의를 얻어 초과근무 기준을 마련하고 개선사항을 반영하여 관리하고 있는지 정량적으로 평가

▶ 세부평가문항 ④	산재발생 예방활동 및 안전관리 대상에 관해 정기적으로 점검하고 있으며, 이해관계자의 의견을 수렴하여 개선사항을 반영하고 관리하고 있는지를 정량적으로 평가
▶ 세부평가문항 ⑤	산재발생 예방을 위하여 근로자를 대상으로 안전보건관련 교육 현황 자료 등을 통해 정량적으로 판단

증빙서류 및 주의사항	
▶ 증빙서류	취업규칙 작성 및 개정이력관리(필요 시 근로자 동의서), 취업규칙 비치, 근로계약서, 초과근로 동의서, 초과근로 개선 요구조사 및 결과, 산업재해 예방·방지 계획서, 산재관련 VOC, 안전보건관련 교육현황 자료(관련 기안문서, 참여자 명단, 교육이수증 등)
▶ 주의사항	해당 없음

세부평가문항

구분	Y	N
① 기업은 취업규칙을 갖추고 있으며, 위반 및 미흡 등 개선사항을 반영하여 관리하고 있다.		
② 기업은 근로계약서를 적법하게 작성·관리하고 있으며, 근로조건 등 개선사항을 반영하고 있다.		
③ 기업은 연장근무 및 휴일근무 동의절차 등 자체 기준을 갖추고 있으며, 개선사항을 반영하여 관리하고 있다.		
④ 기업은 산재예방활동을 위해 정기적으로 점검하고 있으며 점검 및 개선결과에 따라 개선사항을 반영, 관리하고 있다.		
⑤ 기업은 산재예방을 위하여 근로자를 대상으로 중대재해법을 비롯하여 관련 법, 규정 등에 대한 교육을 정기적으로 하고 있다.		

4. 중소기업 ESG 체크리스트 : 지배구조

윤리경영이란, 기업윤리 실천을 위한 각종 제도를 마련하고 체계를 갖추는 데 최우선의 노력을 다하는 경영활동을 말한다. 동시에 기업이 경제적, 법적 책임 수행은 물론 윤리적 책임의 수행까지도 기본 의무로 인정하고, 주체적인 자세로 기업윤리를 준수하는 것을 의미한다.

기업의 윤리경영은 기업 내의 잘못된 관행이나 비용 구조를 바로잡아 경쟁력을 향상시키고 경제적 부가가치를 새롭게 창출하는 경영활동으로 궁극적으로 이윤을 극대화하고, 그 이윤을 통해 사회에 공헌하는 데 그 목적이 있다.

윤리경영은 모든 이해 관계자의 신뢰를 통한 기업 이미지 제고는 물론 이윤 극대화에 영향을 미치고 있으며, 더 나아가 기업의 생존문제로 이어진다. 투명경영을 통해 지속적인 신뢰를 얻는 기업은 우량기업으로 성장하는 반면, 그렇지 못한 기업은 글로벌 시장에서 뒤처지고 있다. 이에 따라 기업은 효율적인 윤리경영 시스템을 갖출 수밖에 없으며, 윤리경영은 이제 기업 경영의 근간이 되어 가고 있다.

윤리경영 효과

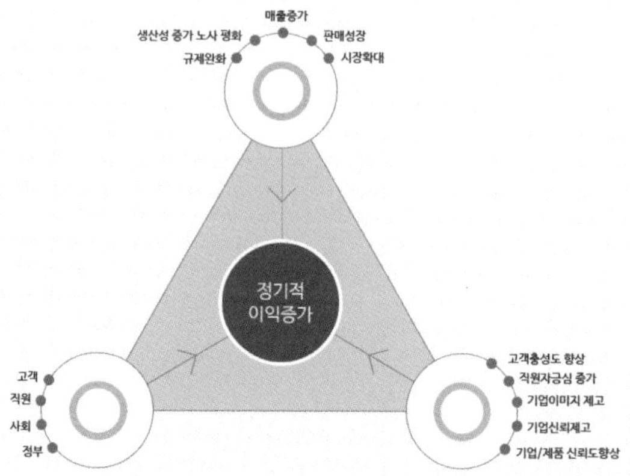

출처 : 한전 KDN 윤리경영 소개 홈페이지

ESG 체크리스트 지배구조와 관련된 질문 문항은 3개로 구성되어 있으며, '기업의 윤리적 책임'을 최우선의 가치로 생각하는가를 묻고 있다. 이를 토대로 다음과 같이 평가문항을 도출할 수 있다.

윤리경영 정책 및 윤리경영 관리 세부항목 및 질문 문항

G(지배구조) : 3개		
대분류(2)	세부항목(3)	질문 문항
윤리경영 정책	윤리경영 정책	G01. 귀사의 경영방침 및 사업계획서에 윤리경영 정책(목표)이 반영되어 있습니까?

윤리경영 관리	비윤리적 이슈관리	G02. 비윤리적 이슈관리 기준이 마련되어 있으며, 내부 이해관계자 공유를 통해 개선사항을 반영 및 관리하고 있습니까?
	법규준수	G03. 환경 · 사회적 책임 · 지배구조 관련 법규 준수 매뉴얼을 갖추고 있으며, 개선사항을 반영하고 관리하고 있습니까?

기업이 윤리적 책임을 최우선 가치로 생각하며 투명하고 공정하며 합리적인 업무수행을 위한 정책을 수립하고 준수하고 있는지를 평가

평가항목
윤리경영 정책 수립, 시행 방안 및 윤리교육

평가방법	
▶ 세부평가문항 ①	CEO가 윤리경영을 최우선의 가치로 대외적으로 선언하고 윤리경영문화를 이끌어 가고자 하는지 정량적으로 판단
▶ 세부평가문항 ②	CEO의 윤리경영에 대한 실천 의지를 기업의 중장기 사업계획서에 반영하고 있는지 정량적으로 판단
▶ 세부평가문항 ③	기업은 자체적으로 비윤리적 이슈 관리기준을 마련하고 발생 및 처리에 대해 공개하고 있는지 정량적으로 판단
▶ 세부평가문항 ④	기업이 지속적 개선을 위하여 모니터링 및 자체 개선활동을 수행하고 있는지 정량적으로 판단
▶ 세부평가문항 ⑤	윤리경영을 조직 문화로 내재화하기 위하여 임직원을 대상으로 관련 교육을 실시하고 있는지를 정량적으로 판단

증빙서류 및 주의사항	
▶ 증빙서류	사업계획서, 윤리경영 세미나, 간담회 등 참석 자료, 윤리경영에 대한 대내외 의지 표명 자료(기업 홈페이지 등), 윤리경영 운영 방안, 위반 사항 처리 보고서, 내부 공고문, 점검 및 개선 보고서, 윤리경영관련 교육현황 자료(관련 기안문서, 참여자명단, 교육수료증 등)

▶ 주의사항	해당 없음

세부평가문항		
구분	Y	N
① 기업대표자는 윤리경영을 위해 수행해야 할 역할을 이해하고 있을 뿐 아니라, 이를 구성원 및 외부와 공유하고 있다.		
② 기업의 중장기 사업전략에 기업대표자의 윤리경영에 대한 의지를 반영하고 있다.		
③ 기업은 윤리경영을 위해 구체적인 실행 계획을 수립하고 모든 직원의 적극적인 참여를 장려하고 있다.		
④ 기업은 정기적으로 모니터링 및 진단결과를 반영하여 윤리경영 실천 방안을 지속적으로 개선하고 있다.		
⑤ 기업은 윤리경영을 위하여 임직원을 대상으로 윤리경영 기준 및 관련 법, 규정 등에 대한 교육을 정기적으로 하고 있다.		

5. 중소기업 ESG 체크리스트 : ESG 정책

[ESG] ESG 총괄

마지막 ESG 체크리스트는 정보공개, 인력 배정 및 역량 강화 그리고 3자 배정으로 구성되어 있다. 기업의 정보공개는 기업을 둘러싼 다양한 이해관계자에게 지속가능경영에 대한 기업의 주요 활동 및 성과에 대한 정보를 공개하여 경영투명성을 제고하기 위한 것이다. 참고로 2025년부터 자산 2조 원 이상 코스피 상장사, 2030년부터는 전체 코스피 상장사가 지속가능경영보고서를 공시해야 한다.

정보공개 유형 및 장단점

홍보방법	장점	단점
게시판	• 저비용	• 내부 홍보에 국한

전시회, 컨퍼런스	• 청중에 개별화된 정보 제공 • 기업 차별화, 고객확보나 투자 유치에 효과적 • 직접적 대호	• 홍보부스(booth) 확보와 자료 준비, 출장 등에 고비용 소요
뉴스레터, 이메일	• 배포 대상 특정화 가능 • 다른 관련 정보를 포함 • 보고서 발간에 비해 저렴	• 일방향 소통 채널 • CSR 이행의 우선순위가 낮은 것으로 평가될 우려 • 무시 또는 오해를 초래할 우려
보도자료	• 전문가적 이미지 • 완전한 홍보 가능 • 객관적 접근가능성과 투명성	• 흥미 있는 기사거리를 제공해야 할 필요성 • 인맥이나 영향력, 접촉 필요
보고서 발간	• 전문가적 이미지 • 완전한 홍보 가능 • 객관적 접근가능성과 투명성	• 인쇄와 디자인 등 고비용 소요 • 추가적인 홍보 비용
웹사이트	• 인쇄 비용 불필요 • 모든 이에게 무료로 제공 가능 • 종이 절약	• 프린트물이 인쇄 보고서에 비하여 미관 열약 • 웹에 대한 접근 필요

출처 : 중소벤처기업을 위한 ESG 경영안내서 솔루션편 p.83에서 일부 인용

중소기업이 정보공개를 위해서는 대기업과 달리 ESG 전담직원을 배치할 수 없는 상황이므로, 전 직원을 대상으로 ESG 교육 및 연수 기회를 제공하여 전문 역량을 강화할 필요가 있으며, 정보 유형별 장단점을 토대로 기업 실정에 맞는 정보공개 유형을 선택하는 것이 바람직하다.

중소기업의 지속가능경영과 관련된 인증 취득을 장려하기 위해 지자체별로 인증 비용을 지원해주고 조달청 우수제품선정 시 가산점 부여, 금융기관 기술평가 및 신용보증기금 신용평가 시 가산점 부여 등의 혜택 등을

제공하고 있다.

지속가능경영 관련 인증제도

구분	인증제도 유형
지속가능경영	ISO50001(에너지), ISO20121(이벤트), ISO/TS14067(탄소발자국), ISO37001(반부패)
환경보존	ISO14001(환경), ISO4004(환경 사용지침), ISO14040(전 과정평가), ISO14064(온실가스검증)
사회적 책임	OASAS18001(안전보건), SA8000(윤리사회책임), ISO26000(사회적 책임), ISO22301(사업연속경영), ISO39001(도로안전)
생산 현장	ISO9001(품질), ISO16949(자동차), ISO20000(IT서비스), ISO22000(식품안전), ISO27001(정보보호), ISO28001(물류보안)

출처 : 중소벤처기업을 위한 ESG 경영안내서 솔루션편 p.89

지자체별로 산하 테크노파크 또는 산학융합원에서 지역 내 중소·중견 기업을 대상으로 각종 인증 지원사업을 추진하고 있다. 경기테크노파크의 경우 2022년 중소기업의 시장 개척 및 확대를 위해 필요한 품질인증 획득 비용을 기업당 5백만 원(자부담 총 소용 비용의 20% 이상) 지원하고 있으며, 해당 전문가와 제조, 사용품질에 대한 진단을 통해 문제 해결을 위한 컨설팅을 지원하고 있다.

구분	사업내용	지원대상	지원업종	비고
경기	인증획득 (ISO9001, 14001 등)	시흥, 김포, 부천, 군포 소재 중소기업	뿌리기술 중소기업(주조, 금형, 용접, 소성가공, 표면처리, 열처리)	경기 테크노파크 홈페이지 확인
충북	경영혁신 지원 (ISO 인증 등)	옥천군 소재 제조기업	기계부품(농기계, 수송기계 등), 의료기기, 식품가공	충북 테크노파크 홈페이지 확인
충남	ISO 인증 지원 (9001, 14001, 50001 등)	당진, 보령, 서산, 아산 소재 중소/ 중견기업	자동차 부품제조, 에너지산업, 일반제조업 우대	충남산학융합원 홈페이지 확인
경북	시험인증 (ISO 인증 등)	경상북도 소재 중소기업	-	경북 테크노파크 홈페이지 확인

ESG 정책에 대한 평가항목은 정보공개, 인적자원, 인증보유 여부에 대한 분야별 평가문항으로 제시되어 있어 별도의 평가문항을 개발할 필요가 없으며, 앞서 제시된 ESG 체크리스트 항목을 활용하면 충분할 것이라 생각된다.

ESG 정책 세부항목 및 질문 문항

ESG : 3개		
대분류(2)	세부항목(3)	질문 문항
ESG 정책	정보공개	Q1. 기업의 비재무성과를 공개하고 있습니까?
	인적자원	Q2. ESG 경영을 위한 담당인력(조직)이 있으며, 탄소중립 등 ESG 정책 추진을 위한 교육·연수 활동을 추진하고 있습니까?
	인증보유	Q3. 귀사가 지속가능을 실행하기 위해 보유하고 있는 인증을 체크하십시오.

4장

ESG, 어떻게 활용하나

1. ESG 경영 활용 개요

앞장의 'ESG 실천 편'을 활용하여 중소기업이 선도적으로 ESG 경영을 실천한다면, ESG는 또 하나의 사업 성장 기회가 될 것이다. 친환경 제품 및 서비스 개발 등의 사업구조를 바꾸는 것에서부터, 대기업의 협력업체 참여 및 글로벌 공급망 편입, 가치 소비에 대응하는 소비자 만족으로 직접적인 매출 증가, 대출 우대 및 투자유치의 자금, 정부 지원사업 및 공공조달 우대 등이 있다.

먼저, ESG 경영은 글로벌 공급망 참여의 필수요건이 될 전망이다. '아마존 효과'라는 신조어가 만들어졌다. '아마존 효과'는 아마존의 넷 제로(Net Zero)선언으로 아마존 공급망에 연결된 전 세계 판매자, 생산자, 데이터 플랫폼 측의 개발자, 데이터센터 등 여러 이해관계자들이 온실감축에 대한 압박을 받는 긍정적인 스노우 볼 효과를 말한다. 우리나라의 많은 중소기업도 아마존에 활발하게 입점하여 진출하고 있다. 아마존의 거

대한 글로벌 공급망에 들어가려면 ESG가 필수가 될 것이며, 선도적으로 ESG를 실천하는 기업은 아마존 공급망 참여의 우대와 이점을 갖는 것이다. 아마존뿐만이 아니라 글로벌 기업들의 공급망 관리가 강화되고 있어 중소기업의 선도적인 ESG 경영 실천은 해외시장 및 글로벌 대기업 공급망 참여의 경쟁력이 되는 것이다.

공공과 민간의 ESG 투자 급증과 금융권의 ESG 경영은 ESG 경영기업의 투자유치와 자금확보에도 영향을 미치고 있다. ESG 대출이 은행권의 새로운 트렌드가 되었으며, 임팩트 투자가 증가하고 스타트업 투자에도 ESG가 중요관심사로 등장하고 있다.

소비자들이 가격, 선호도, 제품의 품질 등을 떠나 자신이 추구하는 가치를 지지하는 방향으로 제품을 구매하는 가치 소비 경향이 뚜렷해지고 있다. 기업이 환경, 복지, 인권 등 사회적 책임을 다하는지, 또는 본인이 중요하게 여기는 가치를 추구하기 위해 기업이 노력하고 있는지 등이 투자 및 소비에 영향을 미치기 시작했다는 것이다. 코로나 팬데믹과 기후변화로 환경에 관한 관심이 집중되고 MZ세대의 인권과 공정에 대한 가치 중시 등이 가치 소비를 가속화시키고 있다. 최근엔 인터넷·SNS 등에서 '돈쭐'이란 말이 유행처럼 돌고 있다. 착한 기업을 돈으로 혼내준다는 의미로 돈 + 혼쭐의 합성어로 소비자의 가치가 이제는 직접적으로 소비에 반영된다는 것이다.

2022년부터 중소기업에 대한 정부 지원사업의 신청서 및 사업계획서에

ESG 경영실천 항목이 포함되었으며, 신청기업에 대한 평가항목에도 ESG 관련 항목들이 신설, 추가되고 있다. 또한, ESG 경영을 위한 다양한 정부 지원사업이 2022년에 새로이 신설되었다. 금융지원, 기술개발, 제조설비, 판로확대, 공공조달, 수출 등 ESG 경영 우수기업에 대한 정부의 정책적 지원이 확대되고 있어, ESG 경영은 정부 지원사업 참여에도 우대를 받을 수 있다.

ESG 경영활용

2. 국내 ESG 금융 동향

한국사회책임투자포럼의 '2020 한국 ESG 금융백서'에 따르면, 한국의 ESG 금융 규모는 2017년 144조 원 수준에서 2020년 말 기준 492조 원 수준으로 2017년 대비 242% 성장했으며, 금융 활동 유형별로 ESG투자 188조 원, ESG대출 184조 원, 금융상품 62조 원, ESG채권발행 59조 원이다. ESG 펀드의 숫자도 2020년부터 급격히 증가하여 2021년 3분기 말 기준 111개의 펀드가 출시되었다.

국내 연기금의 ESG투자 규모도 책임투자 규모 확대로 인하여 2019년 32조 원 수준에서 2020년 102조 원 수준으로 대폭 확대되었다. ESG대출은 기업대출이 전체의 80%에 해당하는 147조 원이며 기술금융, 일자리 창출 및 중소기업 지원 등과 관련된 대출이 많았다. ESG투자는 국민연금이 54%(101조 원)를 차지했으며, ESG 금융상품은 예·적금 비중이 64%(39조 원), ESG채권 발행은 사회적 채권이 전체 85%를 차지했다.

ESG 이슈별로는 환경(E)이 72조 원, 사회(S)가 219조 원, 지배구조(G)는 0.2조 원, ESG통합은 201조 원이다. ESG통합은 대부분 ESG투자 영역으로 투자대상기업의 ESG성과를 포괄적으로 평가해 투자의사 결정에 반영하는 것이다.

32개 금융기관이 ESG 금융 목표를 수립했으며 5대 금융그룹은 그룹 차원의 목표를 보고했다, ESG 금융 목표는 모두 환경 또는 그린뉴딜에 집중되어 있다. 향후 은행을 중심으로 금융기관의 ESG대출은 지속적으로 늘어날 것이며, 금융위원회와 금융감독원은 기후변화로 인한 금융시스템의 불안정을 막기 위해 금융회사를 대상으로 기후 리스크 관리·감독계획을 수립 발표하여 은행권을 중심으로 대출 심사 과정 전반에 기후변화 리스크 반영이 일반화될 것으로 전망된다.

ESG 금융정책이 기후변화 중심으로 우선 구축된 후에, 불공정 거래 관행, 오너일가의 갑질, 횡령 등 사회 및 지배구조 관련 이슈에 대해 소비자를 포함한 이해관계자의 관심이 높아지고 기업실적에도 영향을 미치고 있어 리스크관리 측면에서 환경뿐만 아니라 사회, 지배구조의 대출 과정 반영 증가가 예상된다.

ESG대출 은행권 신트렌드

2022년 은행권이 ESG 경영을 실천하는 기업에 대출을 적극적으로 늘리고 있다. 2022년 2월 기준 KB국민·신한·우리·하나·농협 등 5대 시중은행이 운영 중인 ESG 대출상품의 잔액은 총 3조4,059억 원으로 집계되었으며, ESG 대출상품이 처음 출시된 시기가 2021년 3월임을 고려하면 1년여 만에 급격히 늘어난 규모이다.

농협의 대출 잔액이 2조 796억 원으로 2021년 'NH친환경 기업우대론'은 2조 원을 넘어섰다. 해당 상품은 녹색성장에 기여하는 모든 기업을 대상으로 운전·시설자금을 지원하며, 한국환경산업기술원의 환경성 평가 우수기업 및 녹색인증 기업에 대해서 최대 1.5%포인트(p) 금리 우대와 추가 대출한도를 제공하는 ESG특화상품이다. 신한은행은 ESG 경영 우수기업과 그 협력사를 대상으로 '신한ESG 우수 상생지원대출' 상품에서 연 0.2 ~ 0.3%포인트 금리 우대 혜택을 제공한다. 이 대출상품은 ESG 경영 우수기업뿐만 아니라 우수기업이 추천한 협력사도 대출 이용이 가능한 것이 특징이다. KB국민은행은 'KB Green Wave ESG 우수기업대출'에서 최대 0.4%포인트의 우대금리를 제공하고 시설자금 대출한도를 우대한다. 우리은행은 '우리 ESG 혁신기업대출'상품을 출시했다. 하나은행은 시중은행 최초로 1,000억 규모의 친환경 프로젝트를 대상으로 하는 '그린론(Green Loan)'을 주선하였다.

IBK기업은행은 대한상공회의소와 업무협약을 통해 금융권 내 최초로 정부의 K-ESG 가이드라인을 접목한 지속가능성 연계 대출인 'ESG 경영 성공지원 대출'을 출시하였다. 이 상품의 특징은 ESG 경영 수준이 높지 않은 중소기업이라도 개선 의지가 있는 기업이라면 별도의 비용 없이 신청 가능하며, ESG 경영 목표설정 후 목표 수준에 따라 최대 1%포인트 내의 금리 인하 혜택을 받을 수 있다.

은행 입장에서 ESG 경영 기업을 지원함으로써 이미지 제고와 대출 규모를 늘릴 수 있고 ESG평가기관이 금융기관을 평가할 때 'ESG 지원사업 여부'에 대한 요소가 반영되는 등 은행의 ESG 대출이 새로운 트렌드가 되고 있다.

ESG 특화대출상품

기업명	상품	내용
신한은행	신한ESG 우수상생지원대출	ESG 우수기업에 연 0.2~0.3%p 금리 우대
NH농협은행	NH친환경기업 우대론	환경 기여도에 따라 최대 1.5%p 금리 우대
KB국민은행	KB그린웨이브 ESG기업대출	평가기준 충족에 따라 최대 0.4%p 금리 우대
BNK경남은행	E-Green Loan	친환경인증 획득 기업 대상 대출 한도 우대, ESG특별금리감면 최대 0.5%p 적용
IBK기업은행	환경·안전 설비 투자 펀드	대기오염 방지 및 온실가스 감축 등 환경/안전 설비 신규 투자 기업 대상 특화 대출상품
	에너지 이용 합리화 자금	한국에너지공단으로부터 융자 추천 받은 기업 대상 특화 대출상품
	늘푸른하늘 대출	신재생에너지, 친환경발전 등 사업 영위 중소기업 대상 연 1.0%p 금리감면 혜택
우리은행	우리ESG 혁신기업대출	친환경 관련 인증서 보유기업에 0.1%p, 고용보험 등 4대 사회보험 자동이체 실적, 상시근로자 수에 따라 1~1.5%p 우대금리 제공

대한상공회의소

임팩트 투자의 급증

중소벤처기업부가 '2022년 소셜벤처 광장 더하기' 행사를 통해 발표한 21년 소셜벤처 실태조사 결과, 2021년 소셜벤처 기업 수는 2019년 대비 2배 넘게 증가한 2,031개사이며, 최근 이러한 소셜벤처에서 수익 창출과 동시에 사회·환경적 성과도 달성하는 임팩트 투자가 급증하고 있다.

스타트업 투자와 ESG

스타트얼라이언스와 트리플라잇의 '더 빅 웨이브(The Big Wave) : ESG, 2021 ~ 2022 스타트업 투자사 인식조사 보고서'에 따르면, 스타트업 투자사들은 ESG를 고려한 투자가 투자 리스크관리에 도움이 되고, 투자사 중 77.9%가 ESG 부문 스타트업 투자를 유지하거나 확대할 계획으로 ESG는 스타트업 생태계의 중요한 관심사가 되고 있다. 중소벤처기업부에서 2022년 처음으로 ESG 기준을 충족한 기업을 대상으로 한 ESG벤처투자펀드(167억 원)가 조성된다. 스타트업의 투자유치 시 리스크 관리 차원에서 이제 투자자에게 ESG가 투자유치의 주요한 기준이 될 것이며, ESG가 거래소 상장·사업확장 등의 필수조건이 될 전망이다.

3. ESG 플랫폼 서비스의 증가

주요 ESG 포털(플랫폼) 소개

명칭(시기)	주요 내용	기관
ESG포털 (2021. 12.)	- ESG 경영에 나서는 기업과 ESG관련 금융상품을 찾는 투자자 대상 플랫폼 - 상장기업의 ESG 공시 정보와 주요 ESG평가기관의 평가등급 및 보고서, ESG통계, ESG 투자상품의 수익률과 거래량 등을 조회할 수 있음 - 향후 상장회사들에 대해 ESG 관련 정보 공시가 의무화(2025년)되면 공시 플랫폼으로 활용될 예정	한국거래소 금융위원회
ESG 파이낸스 허브 (2022. 2.)	- ESG 금융 관련 정보를 공유하는 금융권 공동 ESG 금융플랫폼 - ▷ 가이드라인 ▷ 연구자료 ▷ ESG활동 ▷ 플랫폼 소개의 5개 대 메뉴와 17개 세부 메뉴로 구성되어 있으며, 국내외 ESG 금융 관련 정보 제공	5개 금융협회
“으쓱” (2021. 12.)	- 중소기업대상 ESG플랫폼 - 중소기업 대상 우수기업소개, 교육, 실천사례 공유	대한상공 회의소

기업 맞춤형 ESG 종합진단 플랫폼	- 중소중견 기업의 ESG 경영활동에 필요한 요소를 관리할 수 있으며, ESG 경영 수준을 종합진단 - 해당 기업이 속한 산업 특징과 수행 사업 특성을 반영한 ▷ ESG 수준 진단 ▷ ESG 목표 수립 ▷ ESG 개선 과제 관리 ▷ 정기 리포트 ▷ 정책 가이드 ▷ 실시간 ESG 현황 대시보드 등 제공	SK C&C
ESG Book (2021. 12.)	- ESG 데이터 플랫폼(www.esgbook.com) - 투자자와 기업의 상호 소통을 목적으로 ESG 데이터를 모든 이해관계자가 이용하고 비교할 수 있게 해 주며, 투명성을 촉진하는 종합적인 정보를 제공 * 누구나 무료로 접근할 수 있는 ESG 데이터 제공	글로벌 금융·투자 연합체

4. 중소기업 ESG 지원정책

중소기업의 ESG 경영 촉진방안

영역	내용
중소기업 ESG 인식제고	1) 중소기업 맞춤형 ESG 체크리스트 마련 및 활용 - 비대면 기업진단 시스템(K-doctor)을 통해 자가진단 서비스 제공 - 중소기업 정책자금 지원기업 중 일부에 대해 시범적용('22. 6백 개) - 중소기업 ESG 플랫폼 구축 2) 중소기업 ESG 교육 · 컨설팅 · 실태조사 - 중소기업 혁신바우처 예산('22. 정부안 618억 원) ESG 컨설팅 - 중소기업 ESG 실태조사 및 사례 발굴, 'ESG 경영안내서' 제작 배포
중소기업 ESG 생태계 조성	1) 민간의 자발적인 ESG 확산 유도 - 공급망 내 ESG 협력 : 대 · 공기업 등의 협력사 ESG 교육 · 컨설팅, 협력사 ESG 공급망 실사 지원('22. 대한상의) * ESG 지원실적을 동반성장지수 평가에 반영 - 공급망 외 협력 : 'ESG 자상한 기업' 추가 발굴, 인센티브 부여 * 수위탁거래 정기실태조사 면제, 수출지원사업 및 중견기업 R&D 참여 우대 등 - ESG 스타트업 육성 : 임팩트 보증 및 펀드 등 집중지원

<table>
<tr><td></td><td>2) ESG 부문별 맞춤 지원
- 수출규제 대응 : 인증획득, 긴급코칭, 정보제공 등
- 탄소중립 지원 : 자금, 기술, 사업전환
- 사회적 책임 이행 중소기업 지원
<table>
<tr><td>주52시간제 적용기업</td><td>중소기업혁신바우처 규제대응컨설팅, 지역신보·기보 우대보증(보증료 △0.3%) 등</td></tr>
<tr><td>중대재해 예방</td><td>소규모사업장 작업환경개선, 산업안전 컨설팅 지원 등</td></tr>
</table>
- 투명·윤리경영 지표 반영 : 지원사업, 사업승계 지원</td></tr>
<tr><td>중소기업 ESG 거버넌스 구축</td><td>- 중소기업 ESG 민관협의회 구성 및 운영
- 지역별 ESG 지원사업 추진, 확산
- 민간평가기관 MOU 및 지원</td></tr>
</table>

자료 : 중소벤처기업부 발표자료 2021. 11.

중소벤처기업부는 중소기업의 ESG 경영 촉진방안으로 ① 중소기업 ESG 인식 제고, ② 중소기업 ESG 생태계 조성, ③ 중소기업 ESG 거버넌스 구축을 마련하였다. "규율"보다 "지원"에 초점을 두어 중소기업의 부담을 최소화하고, ESG에 대한 인식개선을 중점 지원하여 민간의 자발적 참여를 유도한다는 것이다.

주요 부처별 2022년 탄소중립 지원 및 추진방향

영역	내용
과학기술 정보통신부	• 2022년 3월 '탄소중립 기술혁신 전략로드맵-1'을 심의·의결 - 산업(철강·석유화학정유·시멘트·CCUS), 에너지(태양광·풍력·수소·전력망·전력저장)의 9개 기술분야를 대상으로 수립 • 탄소중립 예산배분·조정과 예비타당성심사 등에 활용 및 향후 탄소중립 R&D 기획-투자-평가에 가이드라인으로 예상

환경부	• 그린수소 등 탄소중립 기술과 온실가스 기술에 대한 세액공제를 확대하여 전체비용의 최대 40%, 설비투자 비용의 15%까지 세액공제를 지원하고 탄소중립 등 3대 중점분야를 선정하고 탄소중립 기술개발에 2022년 3,859억 원을 투자 • 재생에너지 확대 정책, 재활용 기술 확대 지원 • 3월 25일에 '탄소중립기본법'을 시행 • 배출권거래제 대상 기업에 온실가스감축 설비를 지원 • 5조 원 규모 녹색정책금융 확보 및 녹색분류체계(택소노미) 시범적용 사업을 통해 금융계의 저탄소 산업 · 기술 투자 촉진
산업통상 자원부	• 2022년 산업통상자원부의 중소 · 중견기업 탄소중립 대응지원은 △ 탄소중립 이행을 위한 감축분야(316억 원) △ 취약지역의 공정전환 등 산업계 적응분야(27억 원) △ 금융지원 등 기반구축 분야(1,500억 원)에 올해 총 1,843억 원의 예산을 들여 사업을 추진 - 감축분야(316억 원) : 친환경 공정전환 등 온실가스 감축 활동 탄소중립 선도플랜트 구축 지원사업(60억 원), 산단 내 클린팩토리 구축 지원 사업(236억 원), 청정제조기반구축 사업(청정공정 확산사업)(20억 원) - 적응분야(27억 원) : 탄소중립 전환과정에서 직 · 간접적 피해를 최소화하는 사업으로 다배출업종 공정전환 지원사업(27억 원) - 기반분야(1,500억 원) : 선제적 투자 기업지원 및 신산업 육성 분야로 탄소중립전환 선도프로젝트 융자지원(1,500억 원)
조달청	• 공공조달 ESG 평가 도입, 탄소중립, 녹색조달 기반 강화 환경 · 안전 · 고용창출 등에 대한 심사기준을 확대 · 신설 - 무공해 전기 · 수소차 구매 확대 - 다수공급자계약 2단계 경쟁에서 고효율기자재, 우수재활용인증제품 등 환경 분야 인센티브 강화

자료 : 2022년 2 ~ 3월 부처별 보도자료 요약

2022년 중소벤처기업부 ESG관련 세부지원사업

ESG관련 세부지원사업 요약

부문	사업명	개요
금융 지원	신성장기반자금	시설,운전자금 융자대출(1조 6,200억 원 규모)
	녹색보증	운전, 시설자금 특화보증(신용보증기금)
	소셜벤처 임팩트 보증	소셜벤처기업 운전, 시설자금보증(기술보증기금)
	기후환경보증	기후환경 신기술사업자 보증(기술보증기금)
	신재생에너지보증	신재생에너지분야기업 운전, 시설자금보증
기술 개발 자금	중소기업 탄소중립전환	탄소중립설비도입 비용 지원(보조율 50%)
	그린뉴딜 유망기업100	녹색기술보유기업(그린벤처) R&D, 사업화 지원
	중소기업 탄소중립 선도모델 개발(R&D)	'22년 신규, R&D 컨소시엄(탄소다배출업종) 최대 2년, 20억 원
	중소기업 Net Zero 기술혁신개발사업(R&D)	'22년 신규, R&D컨소시엄(저탄소 · 신유망 분야) 최대 2년 15억 원(지정), 최대 3년 30억 원(공모)
스마트 공장	탄소중립형 스마트공장 보급사업	탄소다배출 업종 스마트공장 구축 기초 7천만 원, 동일수준 70백만 원, 고도화 1억 2천만 원
KOTRA	글로벌 ESG+사업	E형, S형, G형, +형 해외 ESG활동 지원
지자체 지원 사업 (* 경기도)	기업 ESG 경영도입기반조성	ESG실태조사 및 컨설팅, 교육
	그린뉴딜 선도기업 기술사업화 지원	친환경유망기업 대상, 시제품개발, 성능평가, 인증, 판로개척 등 패키지지원
	e-safe 환경안전 기술지원단 운영	소규모사업장 환경안전관리 맞춤형 지원 기술, 자금, 행정적 지원
	중소사업장 청정연료 전환지원	액체연료 사용시설 → 청정연료(LPG, LNG, 전기 등) 사용시설 전환 시 지원, 총 공사비용의 90% 지원

	착한기업 선정 및 CSR 활성화	업력 3년 이상 중소기업 또는 사회적 경제조직
	사회적가치 생산품 홍보 및 판로지원	장애인기업, 중증장애인, 청년기업, 여성기업, 자활생산품, 노인생산품 등 대상
	환경산업전 개최	참가기업 기술, 제품, 장비 전시소개 환경담당 공무원 및 기업구매담당자와 상담기회 제공

금융지원

1) 신성장기반자금(융자대출, 1조 6,200억 원규모)

구분	지원개요
지원 대상	• Net Zero 유망기업포함: 그린기술 사업화 및 저탄소 · 친환경 제조로 전환을 추진 중인 중소기업 - 신재생에너지, 물 · 대기 관리, 환경 정화 등 그린분야 기술 사업화 기업 - 원부자재 등을 친환경 소재로 전환하는 기업 - 오염물질저감설비, 저탄소 · 에너지효율화, 환경오염방지설비 등 도입기업 - 중소기업 혁신 바우처 사업의 탄소중립 경영혁신 컨설팅 선정기업
지원 내용	• 시설자금: 생산, 정보화촉진, 유통 · 물류, 생산환경개선 등 기계장비의 구입자금 - 자가 사업장 확보를 위한 토지 구입비 및 건축자금 - 자가 사업장 확보를 위한 사업장 매입 자금 및 임차 보증금 • 운전자금 - 시설자금을 대출받은 기업 중 시설 도입 후 초기 가동비(시설자금의 50% 이내) • 대출금리 : 정책자금 기준금리에서 0.5% 가산

	• 대출기간 : 시설자금 : 10년 이내(거치기간 4년 이내 포함) * 운전자금 : 5년 이내(거치기간 2년 이내 포함) • 대출한도 : 연간 60억 원(지방소재기업 70억 원) 이내 * 운전자금은 연간 5억 원 이내

2) 녹색보증(신용보증기금)

구분	지원개요
지원 대상	• 신재생에너지 관련 설비, 품목 등을 제조하는 기업(기술 보유 포함) 또는 신재생에너지 설비를 설치하고 발전사업을 영위하는 기업
지원 내용	• 한국에너지공단이 신재생에너지 관련 유망기업을 신보에 추천하고, 신보는 추천된 기업에 대해 '기후기술평가'를 반영하여 운전·시설자금 보증지원 - 탄소중립특화보증(신재생에너지 산업기업) : 0.2% 차감 - 탄소중립프로젝트보증(신재생에너지 발전기업) : 0.5% 고정요율 • 보증요율 : 95% • 지원한도 : 보증한도는 중소기업 100억 원, 중견기업 200억 원

3) 소셜벤처 임팩트 보증(기술보증기금)

구분	지원개요
지원 대상	• 「소셜벤처기업 판별기준」에 따른 사회성 및 혁신성장성 판별표에 의한 평가점수가 각각 70점 이상인 기업
지원 내용	• 대상채무 : 운전 및 시설자금 • 보증비율 : 100% 전액보증 • 보증료 : 0.5% 감면 • 지원계획 : 1,500억 원

4) 기후환경보증(기술보증기금)

구분	지원개요
지원 대상	• 기후변화 적응, 환경개선에 기여하는 산업 등을 영위하는 신기술사업자 - 녹색성장산업 : 경제활동 전반에 걸쳐 에너지와 자원의 효율을 높이고 환경을 개선할 수 있는 재화(財貨)의 생산 및 서비스의 제공 등을 통하여 저탄소 녹색성장을 이루기 위한 산업 영위기업 - 환경산업 : 물, 환경복원·복구, 환경안전·보건, 자원순환 등 환경의 보전 및 관리를 위하여 환경시설 및 측정기기 등을 설계·제작·설치하거나 환경기술에 관한 서비스를 제공하는 산업 영위기업 - 에너지산업 : 청정에너지를 포함한 에너지의 생산, 공급 및 이용과 관련된 유·무형의 활동과 연관된 산업 영위기업 - 기후기술기업 : 기후변화에 대응·적응 및 온실가스를 저감하고 친환경 에너지 자원을 개발·확보하며, 고부가가치를 창출함으로써 미래 저탄소 성장동력 확보에 기여하는 기술(이하 "기후기술")을 개발 또는 사업화하는 기업
지원 내용	• 기후·환경산업 등을 영위하는 중소기업에 운전 또는 시설자금 우대지원 - 보증비율 상향(최대 95%), 보증료율 감면(0.2%)

5) 신재생에너지보증

구분	지원개요
지원 대상	• 신재생에너지 분야 ① 발전사업 영위 기업(발전기업) 또는 ② 관련 기술 보유·품목 생산 기업(산업기업)으로서, 한국에너지공단으로부터 지원대상임을 확인받은 기업 ① 신재생에너지 발전기업 : 사업용 신재생에너지 설비를 설치하고 발전사업 등 에너지(전기, 열)를 공급·판매하는 기업(시설자금 지원) ② 신재생에너지 산업기업 : 신재생에너지 관련 제품 등을 제조하는 기업 또는 관련 기술을 보유하여 사업화하는 기업(운전/시설자금 지원)

지원 내용	• 추가한도지원 : 기존 운전자금산정 한도금액에 탄소가치평가금액을 가산 * 시설자금은 해당 소요자금한도 이내 지원 • 기타 우대사항 - 보증료 : (발전기업) 0.5% 고정보증료율 적용 (산업기업) 0.2% 감면 적용 - 보증비율 : 95% 적용

기술개발자금

1) 중소기업 탄소중립 전환지원

구분	지원개요
지원 대상	• 감축 규제대상이 아니나, 저탄소 공정전환이 시급한 중소기업 - 탄소국경세 도입 검토 국가 수출기업, 탄소중립 선언 대기업협력사, 탄소다배출업종* 영위기업 등 우대지원 * 탄소다배출업종 : 화학제조, 비금속제조, 식료품제조, 제지업, 금속가공업 등
지원 내용	• 탄소중립 설비도입 실시·설계 및 도입비용 지원(보조율 50%) - (실시·설계지원) 탄소중립수준진단을 토대로, 에너지·온실가스 감축설비의 도입에 필요한 컨설팅 지원 - (설비도입지원) 탄소저감을 위한 에너지·온실가스 감축설비 구입비, 공사비, 시운전비 등 지원 • 지원규모 : 50개사 내외(예산 52.5억 원)

2) 그린뉴딜 유망기업100(R&D, 사업화)

구분	지원개요
지원 대상	• 녹색기술을 보유한 유망 중소기업(아래 2가지 요건을 모두 충족하는 기업) ① 「녹색인증제 운영요령」에 따른 녹색기술분야에 해당하는 기술을 개발·사업화하고자 하는 중소기업 ② 기술혁신형 중소기업(이노비즈), 벤처기업 또는 기업부설연구소 인정기업 중 1개 이상 해당하는 혁신형 중소기업
지원 내용	• 그린벤처 기업이 신속하게 성과를 창출할 수 있도록 기술개발과 사업화 자금을 동시 지원 - (R&D) 기술개발 자금 지원(3년 · 12.5억 원 내외) * 총사업비 100% = 정부지원금 80% 이하 + 민간부담금 20%(현금 10%↑ + 현물 90%) 이상 - (사업화) 기획 컨설팅, 시장조사, 시제품 제작, 테스트 장비 이용, 인·검증, 수출지원 등 사업화 자금 지원(3년 · 17.5억 원 내외) * 총사업비 100% = 정부지원금 80% 이하 + 민간부담금 20%(현금 50%↑ + 현물 50%) 이상

3) 중소기업 탄소중립 선도모델 개발('22년 신규)

구분	지원개요
지원 대상	• 탄소다배출업종을 영위하는 수요기업(중소기업)과 탄소중립 선도모델 개발 역량을 갖춘 연구개발기관(중소기업 포함)의 컨소시엄 - (주관연구개발기관) 탄소중립 선도모델 개발 역량을 갖춘 중소기업 - (공동연구개발기관 ①) 선도모델 개발을 공동 수행할 기관(학 · 연) - (공동연구개발기관 ②) 탄소중립 선도모델을 실증할 Test-bed를 제공하고 개발된 선도모델을 적용할 수요기업(중소기업)
지원 내용	• 중소기업 탄소다배출 업종*을 영위하는 수요기업을 포함한 컨소시엄을 선정하여 동일·유사업종 내 중소기업에 공통 적용 가능한 탄소중립 선도모델 개발 지원 * (중소기업 탄소다배출업종) 300인 미만 사업장 배출량 상위 업종으로 식료품제조업, 제지업, 금속가공업, 석유화학, 비금속광물, 1차금속 등 - 개발기간 및 지원한도 : 최대 2년, 20억 원(80% 이내 지원) (지정공모)

4) 중소기업 Net Zero 기술혁신개발('22년 신규)

구분	지원개요
지원 대상	• 중소기업을 주관연구개발기관으로 하고, 공공연구개발기관을 공동연구개발기관으로 하는 2개 이상의 기관으로 구성된 컨소시엄 - (주관연구개발기관) 탄소중립 기술혁신형 중소 · 벤처기업으로 탄소중립 신산업 미래유망기술 개발을 주도
지원 내용	• 중소형 규모 사업장에 적용 가능한 탄소저감, 탄소자원화 · 활용 분야 미래유망기술 개발지원 * (미래유망기술) 이차전지, 저전력반도체, 바이오, 그린수소, 그린서비스, CCUS - 개발기간 및 지원한도 : 최대 2년, 15억 원(80% 이내 지원) (품목지정) 최대 3년, 30억 원(80% 이내 지원) (지정공모)

스마트공장

1) 탄소중립형 스마트공장 보급사업

구분	지원개요
지원 대상	• 뿌리기술, 섬유 등 탄소다배출 업종을 대상으로 탄소중립이 시급히 필요한 과제에 대해 스마트공장 구축을 희망하는 중소중견기업
지원 내용	- (진단 · 설계 컨설팅) 기업의 에너지 이용실태와 손실 요인 등 에너지 현황 진단을 실시하고, 진단결과를 반영하여 탄소중립형 스마트공장 구축 전략 수립 및 사업계획서 작성 지원 - (ICT기반 탄소저감 공정혁신) 제조데이터 기반의 에너지 관리 및 공정 혁신 솔루션(FEMS, MES 등) 및 이와 연계된 계측 시스템, 제어 시스템, 자동화 설비 등 탄소중립형 스마트공장 구축을 지원 - (고효율 설비 개체) 에너지 다소비, 노후설비 등 유틸리티 설비를 중심으로 에너지 감축에 효과적인 고효율 설비로 교체 지원

	• 총사업비의 50% 이내, 기초단계 7천만 원, 동일수준 7천만 원, 고도화 1억 2천만 원까지 지원

2) KOTRA 글로벌 ESG+사업

구분	지원개요
지원 대상	• 해외 ESG 활동에 관심 있는 우리 중소·중견기업, 사회적기업, 창업벤처기업 또는 이들과 공동사업이 가능한 대기업 및 공공기관 및 공기업 - (글로벌 ESG) 상·하반기 2회 대내외 공모 사업으로 추진 - (+형 사업) 긴급 재난, 보건·의료 및 프로젝트 특화형만 수시사업으로 추진
지원 사업	• E형(그린 이니셔티브) - (글로벌 녹색협력) 저탄소·친환경 소재 제품, 교육, 기술·경영 지원 활동을 통해 친환경 가치소비를 선도할 수 있는 글로벌 녹색협력 구축 • S형(인도적 상생지원) - (상생협력) 현지 지역사회가 당면한 사회문제(UN이 지정한 지속가능발전 17개 목표)에 기여할 수 있는 제품기부 및 교육프로그램 지원 • G형(지속가능글로벌 경영구축) ① 국내·외 글로벌 ESG 활동이 우수한 기업 포상 ② 국내 기업·기관 대상 ESG 역량 강화 및 인지도 제고를 위한 해외 주요 ESG 동향 및 정보 확산 온라인 세미나 개최(연 1회) ③ 국내외 구직자 대상, 대·내외 ESG 유망기업 채용 상담회 • +형(맞춤형 재난·보건·의료, 프로젝트(특화형) - (재난 및 보건의료) 기후변화로 인한 피해 및 코로나19 및 등 현지 전염병 확산, 심화로 피해가 발생한 국가가 요청한 구호물품 및 의료물품을 기부 - (프로젝트 연계) 개발협력사업(ODA, KSP, EIPP 등), 공공조달, G2G 방산사업 등 KOTRA 유관부서와 협업으로 추진하는 프로젝트 연계형 글로벌 ESG 사업 추진

3) 지자체 지원사업(*경기도)

사업명	사업 개요
기업 ESG 경영도입 기반조성	• 목적 - 글로벌통상환경 변화에 대응하고 기업의 지속가능한 성장을 위해 ESG 인식확산 추진 • ESG 수준 실태조사 - (대상) 100개사(창업, 유망, 중견기업) - (내용) 기업진단 및 ESG 수준 등 실태조사 • ESG 도입 컨설팅 - ESG 도입 컨설팅 지원(20개사) • ESG 인식확산 - 설명회, 간담회 연계한 교육
그린뉴딜 선도기업 기술사업화 지원	• 목적 - 국내외 환경 규제 강화에 따른 친환경산업을 육성하고, 도내 유망 기업 발굴 및 기술경쟁력 강화 • 사업내용 - (대상) 7개사(친환경소재 및 저탄소 분야 관련 기업) - (내용) 시제품개발, 성능평가, 인증, 판로개척 등 패키지 지원 • 지원한도 - 기업 당 5천만 원 이내
e-safe 환경안전 기술지원단 운영	• 사업목적 - 도내 소규모사업장 및 중점관리업체의 안정적 환경관리지원을 위한 맞춤형 환경기술 지원으로 자율적인 환경개선 유도 • 지원대상 - 환경시설 운영·관리에 애로를 겪는 소규모 배출사업장 - 배출허용기준 초과 등 위반 횟수가 많은 중점관리사업장 • 지원내용 - 사업장 신청 시 원하는 분야를 선택, 맞춤형 기술지원 실시 - 시설 보수 · 교체 · 증설 등 시설개선 필요시 자금지원사업 및 융자 안내 - 행정절차 안내, 법령 및 제도 개정사항 등 행정적 지원

중소사업장 청정연료 전환지원	• 사업목적 - 대기오염물질이 상대적으로 많이 배출되는 액체연료 사용시설을 청정연료(LPG, LNG, 전기 등)로 전환하여 미세먼지 등 저감을 통한 대기질 개선 • 지원대상 - 도내 액체연료 사용시설 설치사업장 중 청정연료 (LPG, LNG, 전기 등) 전환을 희망하는 사업장 • 지원내용 - 액체연료 사용시설 → 청정연료(LPG, LNG, 전기 등) 사용시설 전환 시 지원 - 총 공사비용의 90% 지원 (최대 45,000천 원), 자부담 10%
착한기업 선정 및 CSR 활성화	• 사업목적 - 도내 사회공헌 기업을 발굴 선정하고 적극 홍보하여 더불어 사는 사회분위기 조성 지원대상 • 지원대상 - 도내 소재 업력 3년 이상 중소기업 또는 사회적경제조직 • 지원내용 - 착한기업 인증마크 사용권 및 인증서, 인증현판 지원 (3년) - 착한기업 사업화 및 마케팅 자금 지원 - 기업 당 최대 1,000만 원 (부가세제외 총금액의 80% 한도) - 중소기업 CSR(기업의 사회적 책임) 활성화 지원 - 이해관계자 관리, 사회공헌, 윤리경영, 사회적 책임, 고객만족 등 전문가 컨설팅 및 교육 제공
사회적가치 생산품 홍보 및 판로지원	• 사업목적 - 사회적 가치생산품 공동브랜드 '착착착' 홍보 및 판로지원을 통한 취약계층 매출 증대로 사회적 가치 실현 도모 • 지원대상 - 장애인기업 생산품, 중증장애인 생산품, 청년기업 생산품, 여성기업 생산품, 자활생산품, 노인생산품 등 • 지원내용 - 경기 '착착착' 온라인쇼핑몰(www.chack3.com) 운영

	- 온 · 오프라인 판로지원 - 사회적가치 생산품 홍보 지원 - SNS 및 오프라인 매체 활용 홍보, 홍보물 제작 및 배포
환경산업전 개최	• 사업목적 - 우수 환경기술, 제품, 장비 전시소개로 환경기업의 지속적 발전과 경쟁력 강화 도모 • 지원대상 - 참가규모 : 60개 사 내외, 바이어 80여 명, 130개 부스 - 신청자격 : 국내외 환경기업, 환경 분야 사회적기업, 마을기업, 협동조합 등 - 참가할인 : 경기도 유망환경기업 지정기업 참가비 할인 • 지원내용 - 참가기업 기술, 제품, 장비 전시소개 - 환경담당 공무원 및 대중소기업 환경 분야 구매담당자와 상담기회 제공

5장

ESG 사례

1. 중소기업의 ESG 도입사례

국내 ESG 도입은 대기업과 공기업, 공공기관 등을 중심으로 관심이 뜨거워지고 있지만 상대적으로 규모면에서 작은 중소기업들도 이러한 열기로부터 자유로울 수 없다. 더군다나 대기업과 거래관계를 맺고 있는 국내의 수많은 중소협력사들은 공급망 관리측면에서 대기업들과 마찬가지로 환경, 사회, 지배구조의 건전성을 제고하기 위해서 ESG 도입을 서두르고 있다.

다만 대기업이나 공공기관에 비해서 국내 중소기업의 ESG 경영 도입 성공사례는 아직 많지 않은 상황이다. 국내에서 ESG 경영 붐이 시작된 것은 비교적 최근이기 때문에 ESG 경영의 성공사례는 적지만 이미 공급망 관리 측면에서의 CSR은 2010년 전후로 국내 중소기업 도입 이래에 꾸준하게 증가하고 있기에 앞으로 더 많은 사례들이 생겨날 것이다.

본 책에서는 국내 중소기업의 ESG 경영 도입 성공사례를 환경경영, 사회책임경영, 윤리경영 측면에서의 성공사례를 구분해서 소개하고자 한다.

ESG의 3가지 요소를 각기 별도로 실천하는 것은 ESG 경영에 있어서 오해의 소지가 될 수 있지만, 환경경영, 사회적 책임경영, 윤리경영 이렇게 3가지 중요한 축을 각각 고민해 보는 측면에서 많은 의의가 있다. 이를 참고하여 각 개인이 속한 기업이나 기관에 적용한다면 실제적인 도움이 될 것이다.

환경경영 사례

1) J사(환경에 대한 직원 인식제고)

J사의 경우 에너지 절약 경영방침을 수립하고 제조원가 변동비 중 50%를 차지하는 에너지 비용에 대한 중요성 인식하고 있다. 이 회사는 매년 에너지 비용 10% 절약 운동을 전사적으로 전개하여 에너지절감활동과 홍보활동을 통해서 임직원 모두가 에너지절감에 대한 인식이 제고되었다. 특히, 전략사용이 많은 하절기와 스팀사용이 많은 동절기에 전 사원을 대상으로 에너지 절약제도를 실시하여 에너지 절감 마인드와 위기의식을 확산하였다. (우수제안을 발굴하여 현장에 적용한 것은 대표적인 사례라고 할 수 있음)

2) E사(환경가치기여 비전 수립)

E사는 플랫폼 노동자를 위한 초소형 화물 전기차를 만들고 있는 스타트업으로 전기차 대체를 통한 환경가치기여 비전을 수립하였다. E사의 대표이사는 내연기관 차량의 문제점을 극복하고 환경오염을 해결하기 위한 해서 사용자의 니즈를 충족시킬 수 있는 차량을 개발하기 위하여 노력하고 있다. 차량 개발을 노력해 오고 있다. 아울러 환경적 가치에 대한 기여와 사회적 약자의 경제활동 활성화를 통해서 지속적으로 투자유치에 성공했다.

3) N사(음식물 쓰레기 절감)

N사는 급식업체나 식당 등의 음식물 내 영양성분을 분석한 데이터를 기반으로 음식물 쓰레기를 줄이는 시스템을 구축한 스타트업이다. 국내 대표적인 자동차 회사인 H사 출신의 대표이사는 환경부 산하 기관의 창업 프로그램에서 대상을 수상하여 본격적으로 관련 사업을 전개하고 있다. 최근 ESG 경영 트렌드에 맞물려서 N사의 데이터 분석 프로그램은 초중고 일선 학교에서 채택되고 있고, 공공기관이나 일반 기업체로도 활발하게 마케팅을 전개하고 있다. 아울러, CES 등의 세계적인 IT 및 전자기기 전시회에도 국내 스타트업 대표로 참가하여 해외 바이어들의 관심을 끌고 있다. 이를 기반으로 국내 대표적인 투자업체인 N사 등으로부터 투자유치도 받아 앞으로도 지속적인 성장이 기대되고 있다.

4) T사(환경오염 Zero화)

T사는 1991년 설립된 빌딩 및 공장의 냉난방을 위한 냉동기 및 공조기

류를 설치 시운전, 개조공사, 유지보수를 하는 업체로 고객 현장에서 발생될 수 있는 환경오염을 Zero화하기 위해서 서비스 활동 및 유지관리 활동 시 발생될 수 있는 환경오염원에 대해서 근원적인 차단활동을 하고 적극적인 대처로 꾸준한 성과를 도출하고 있다. 아울러 CSR활동을 통한 서비스경제력 강화로 고객과 상생하는 경영체계를 지속적으로 펼쳐 나가고 있다. 환경오염 제로화를 위한 구체적인 활동으로는 서비스활동에 친환경 설비 개발을 적용하는 것, 폐유나 폐용액에 대한 완벽한 처리로 최상의 서비스를 제공한다든지 폐기계 처리 시 발생할 수 있는 환경오염원에 대한 근원적 처리를 하는 것이다.

5) S사(환경오염 Zero화)

S사는 경남 울산에 소재한 화공약품을 생산, 판매하는 회사로 수처리제, 석고, 화공약품 사업부문을 친인간, 친환경을 모토로 선진 기술의 토대를 마련해 왔다. 특히, 제품 생산과정에서 상, 하수처리 및 일반공업 용수 처리, 폐수처리 등 더 깨끗한 물을 만드는 데 전력해 왔다. 특히, 자원과 에너지를 절약하고 효율적으로 이용하여 온실가스 배출 및 환경오염 발생을 최소화하면서 사회적, 윤리적 책임을 다하는 경영 활동을 전개해 오고 있다. 그 결과 클린사업장으로 지정되고 GMP인증 취득, 친환경 마크 등록을 하게 되어 지속 성장이 기대되고 있다.

사회적 책임경영사례

1) D사(빈곤퇴치)

D사는 현재 일자리를 통해서 빈곤을 퇴치하고자 하는 소셜벤처기업으로 전체 임직원의 30%를 일자리 취약계층으로 채용해 오고 있다. D사는 회사 설립 이후 지속적으로 성장하고 있으며, 2021년 기준 216억 규모의 신규 투자를 유치한 바 있다.

2) C사(상생 성장)

C사는 보리를 주원료로 사용하는 제품을 생산하는 농업법인으로 FTA 체결로 인해서 보리 농사를 포기하는 농민들을 직접 설득하여 지역 농민과 함께 생산경영, 지역경영, 웰빙경영이라는 경영이념을 바탕으로 설립되었다. 함께 잘사는 농업인이 되기 위해서 2010년 "지역 CEO연합회"를 결성하여 새로운 지식공유와 제품 판매에 함께 해 오고 있다. 특히, 곡물 재배 유통(맥류, 잡곡류, 기능성 특수미), 곡물 가공(보리, 밀, 쌀가공, 곡물제분 등)의 사업을 해오면서 제조 공정에 소비자가 참여하여 직접 맛보고 체험하게 하여 6차 산업인 웰빙 관광농업분야로 확대하고 있다. 아울러, 2014년부터 중소기업 CSR자문 및 모니터링 지원사업 수행과 CSR보고서 개발지원사업을 토해서 지속가능보고서까지 발행하고 있다.

3) D사(사회공헌 : 2020월드서밋어워드 아시아 최초 우승)

D사는 현재 시각장애인을 위한 점자형 스마트워치와 촉각 디스플레이를 개발하고 있는 업체로 13개 언어로 자동 점자 변환 서비스를 해 오고

있다. KOICA와 함께 케냐와 인도에서 점자 보조기기 보급사업을 진행한 바 있으며, 2020월드서밋어워드에서 아시아 최초 우승을 하였다. 2022년부터 미국의 시각장애인들을 위한 학습교구 공급을 시작했다.

4) B사(사회공헌 : 지역사회 장학금 지급)

B사는 해외 유명 스포츠브랜드의 양말, 레깅스 등 패션 제품을 OEM, ODM을 주로 하는 업체로 자체 브랜드도 보유하고 있다. 현재 경기도 하남시에 본사를 두고 있으며 매년 지역 사내 취약계층을 대상으로 한 양말(2020년 기준 2,400켤레)과 성금을 기탁해 오고 있는 등 사회공헌을 전사적으로 꾸준히 실천해 오고 있다. 아울러 국내 야구나 축구 구단과의 자매결연을 맺어 선수들에게 관련 스포츠용품을 전달하여 국내 스포츠 중흥에도 기여하고 있다.

5) H사(협력사 관계 설정)

H사는 국내의 대표적인 네트워크 보안관련 기업으로 창사이래로 협력사들과의 관계를 잘 가지고 있는 회사이다. 특히, 협력사를 "파트너사"로 명명하되 이를 다시 두 가지 형태로 분류하여 관리하고 있다. (A급, B급이 아니라 대외적으로 보석의 종류로 명칭)

H사는 이들 협력사와의 관계를 정기적으로 가지고 있는 한편 동반성장 프로그램을 도입하여 다양한 자원공유를 하고 있다. 아울러, ESG 경영을 초기에 적극적으로 도입하여 전사적으로 이를 적용하고 있다.

6) J사(가맹점과의 관계 개선)

J사는 가맹사업을 영위하는 본사로 수많은 가맹점 및 협력사를 보유하고 있다. "가맹점과 협력사, 고객들의 바로 나의 행복이다"라는 것을 사훈으로 삼아 각 가맹점별 본사 담당 직원 배정을 통한 운영지원이나 가맹점 홍보 비용 50% 지원을 해 주는 것은 물론이고 부득이하게 폐점을 하는 가맹점을 지원하는 제도도 있다. 바로 가맹점주 개인사정으로 폐점을 하는 매장을 본사에서 직접 인수하고 기자재도 인수함으로써 고통분담을 하는 것이다. 이외에도 사회적 약자의 후원에도 앞장서고 있는데 매년 가정의 달 독거인 초청 행사나 지역 내 대학교 산학 연계를 통해서 직원을 채용하는 것은 좋은 사례가 된다.

윤리경영사례

1) O사(기업이미지 제고)

O사는 현재 사내에 지속가능경영 조직인 동반성장팀을 신설하여 하도급 거래 협력사를 대상으로 공정거래관리 업무, 지속가능경영 업무를 전담해 오고 있다. 아울러, 홈페이지에 사회공헌, 환경경영, 윤리경영 등 ESG 관련 정보를 공개해오고 있으며 매년 지속가능보고서를 발행해 오고 있다. 아울러 주주 의결권 행사의 편의성을 높이고 코로나19 감염, 전파예방을 위해 비대면 의결권 행사가 가능한 전자투표 제도를 도입해서 각광을 받고 있다.

2) C사(협력업체 선정 유지)

C사는 현재 사내에 윤리경영체계를 구축하여 윤리규정을 제·개정하고 제보 채널을 운영하고 있다. 윤리 교육 및 윤리경영을 준수하기 위하여 자가 점검을 지속적으로 실시하고 있으며, 임직원이 작성한 점검표를 토대로 관련 규정에 대한 이해 제고 방안 및 개선점을 모색한다. 또한 점검표를 협력업체 선정에 반영하고 있다.

Appendix. ESG 관련 용어 정리

국제금융공사(IFC) : International Finance Corporation

개발도상국 및 저개발국 민간 기업에 투자하는 유엔 산하 금융기관이다.

국제기업지배구조 네트워크(ICGN) : International Corporate Governance network

기업 지배구조 개선에 관한 정보교류 및 연구를 위해 1995년 설립된 국제 비영리기구로서, 기업 지배구조 관련 세계 최대 규모의 기관이다.

기후변화 관련 재무정보 공개 태스크포스(TCFD)

세계 금융시장을 모니터링 하는 국제기구인 금융안정위원회가 설립한 협의체이다. 기후변화와 관련된 리스크와 기회요인을 분석하고, 지배구조, 전략, 리스크 관리, 지표 및 목표의 4가지 측면에서 재무정보공개 권고안을 제시하였다.

기후행동 100+(Climate Action 100+)

파리기후변화협약 달성을 위해 2017년 결성된 글로벌 투자자들의 이니셔티브로서, 온실가스배출량이 많은 167개 기업에 2050년까지 넷 제로 방안과 계획을 요구하고 있다.

그린슈머

자연을 상징하는 말인 '그린(green)'과 소비자라는 뜻을 가진 '컨슈머(consumer)'의 합성어로, 친환경적인 제품을 구매하는 소비자를 가리킨다. 우리말로 '녹색소비자'이다. 기본적으로 환경 문제에 대한 관심이 높고 생활 속에서 환경보호를 실천하려는 의지를 가지고 있는 이들로, 식품, 의류, 생활용품 등을 구매할 때 제품의 친환경성 여부를 중요한 기준으로 삼는다.

그린 워싱(Green Washing)

실제로는 친환경적이지 않지만 마치 친환경적인 것처럼 홍보하는 '위장환경주의'를 가리킨다. 예컨대 기업이 제품 생산 전 과정에서 발생하는 환경오염 문제는 축소시키고 재활용 등의 일부 과정만을 부각시켜 마치 친환경인 것처럼 포장하는 것이 이에 해당한다.

글로벌 지속가능 투자연합(GSIA) : Global Sustainable Investment Alliance

2014년 유럽, 호주, 캐나다, 영국, 미국, 일본, 네덜란드의 지속가능 투자연합기관들이 함께 설립한 기관으로 ESG 투자방법론 7가지를 구분하여 제시하고 있다.

녹색분류체계(Green Taxonomy)

친환경 산업 및 금융 활동의 기준을 의미하며, 그린 워싱 방지가 목적이다. 유럽연합은 2020년 녹색분류체계 초안을 마련하여 2022년에 공식 사용 예정이며, 한국은 환경부 주도로 "K 택소노미"를 제정 준비하고 있다.

다우존스 지속가능경영지수(DJSI)

글로벌 금융정보회사 S&P Dow Jones(미국)와 지속가능경영평가기관 RobecoSAM(스위스)이 개발한 평가지표로 1999년부터 전 세계 2,000개 시가총액 상위 기업을 대상으로 지속가능성을 평가하고 있다. 국내의 경우 2009년부터 한국생산성본부와 S&P가 함께 국내 시가총액 상위 200대 기업을 대상으로 DJSI Korea를 개발하였다.

렙리스크(RepRisk)

기업의 재무제표 외에 해당 기업의 뉴스, SNS 등 정성적 정보를 모아 ESG를 평가하는 데이터 사이언스 기업으로, AI 및 머신 러닝 등을 이용해 기업의 리스크를 분석하고 있다.

비지오아이리스(VigeoEiris)

2002년 설립되었으며 ESG 평가, 데이터, 분석도구 및 지속가능 금융 분야 전문기업으로서 기업의 전략, 운영, 관리 측면에서 ESG 요소를 통합하는 과정을 평가하고 있다.

서스테이널리틱스(Sustainalytics)

1992년 설립되어 기업의 ESG 리스크 평가 및 리서치 등에 높은 전문성을 보여 온 평가기관으로서, 전 세계 4만 개 기업의 데이터와 2만 개 기업의 ESG 평가 등급을 제공하고 있다.

세계경제포럼(WEF)

스위스 다보스에서 세계적으로 저명한 기업인, 경제학자, 저널리스트, 정치인 등이 모여 범세계적 경제 문제에 대해 토론하고 국제적 실천과제를 모색하는 국제민간회의이다.

스튜어드십 코드(Stewardship Code)

연기금과 자산운용사 등 주요 기관투자가가 주인의 재산을 관리하는 집사(steward)처럼 기업의 의사결정에 적극 참여해 주주로서의 역할을 충실히 수행하고 위탁받은 자금의 주인인 국민이나 고객에게 이를 투명하게 보고하도록 하는 행동지침이다. "수탁자책임 원칙"이라고도 한다.

에코바디스(EcoVadis) 평가

에코바디스는 글로벌 클라우드 기반 SaaS 플랫폼을 통해 ESG 평가 서비스를 제공하는 기관으로 주로 다국적 기업들이 거래업체의 평가를 의뢰하고, 거래업체의 성과를 관리하며, 지속적인 개선을 추진하는 목적으로 활용하고 있다. 2007년 서비스 시작 이후 전 세계적으로 150개국, 75,000개 이상의 협력사 평가를 수행하는 수준으로 성장하였다.

유엔 책임투자원칙(UN PRI) : UN principles of Responsible Investment

2006년 코피 아난 전 유엔사무총장의 주도로 창설되어 전 세계 기관투자가들의 투자 흐름을 주도하는 가장 큰 이니셔티브이다. 여기서 제시한 책임투자원칙은 6개 항목으로 구성되어 있으며, 투자분석과 투자의사 결정에 ESG 반영, ESG를 주주권행사에 활용, ESG 정보공개 요구 등이 포함되어 있다.

유엔 환경계획 금융 이니셔티브(UNEP Financial Initiative)

1991년 UNEP와 세계 주요 금융기관들이 공동으로 금융 분야의 지속가능발전을 위한 역할 수행을 위해 결성한 국제 파트너십으로, 2021년 기준 전 세계 378개 금융기관이 참여하고 있다.

이해관계자(Stakeholders)

조직의 활동, 제품 및 서비스의 영향을 크게 받거나 이와 반대로 그들의 행동이 조직의 성공적인 전략 수행 및 목표 달성에 상당한 영향력을 행사할 수 있는 기관 또는 개인으로 규정한다. 즉, 법이나 국제 협약에 따라 조직에 대한 적법한 청구권을 부여받은 기관이나 개인을 말한다.

임팩트 투자

기업이나 펀드에 자금을 투자해 사회적 선을 창출하고, 최소한 원금 이상을 투자자에게 돌려줄 수 있는 사회적 투자 방법을 말한다. 주거환경 개선이나 지구 온난화 방지, 의료, 교육 등 기업이 진행하는 "착한 사업"에 투자하면서 지속가능한 수익을 올리는 게 목표이며, 시간과 인내가 필요한 만큼 "페이션트 캐피털"이라고도 한다.

적도 원칙

국제금융공사(IFC)와 세계 10대 금융회사가 2003년에 발표한 협약으로서, 대규모 개발 프로젝트가 환경 파괴나 지역주민의 인권 침해 등 사회문제를 야기하는 경우, 자금 지원을 하지 않겠다는 금융회사의 행동 협약이다.

중대측면(Material Aspects)

조직의 중요한 경제적, 환경적, 사회적 영향을 반영하거나, 이해관계자의 평가와 의사결정에 실질적으로 영향을 미치는 것을 말한다. 질적 분석, 양적 평가 및 논의를 통해 중대측면을 결정한다.

포트폴리오 탈탄소화 연합(PDC) : Portfolio Decarbonization Coalition

글로벌 금융기관들의 탈탄소화 투자를 지원하는 플랫폼으로 UNEP FI, 프랑스 자산운용사 아문디, CDP, 스웨덴 국가연금기금인 AP4가 2014년 공동 설립한 민관협력 체제이다.

탄소 국경세

이산화탄소 배출 규제가 약한 국가가 강한 국가에 상품이나 서비스를 수출할 때 적용받는 무역 관세로, 미국과 유럽연합(EU)이 주도적으로 추진하는 새로운 관세 형태이다. 수입품을 대상으로 해당 상품을 생산하는 과정에서 배출된 탄소량을 따져서 비용을 부과하고 있다.

탄소 발자국

개인 또는 기업이 발생하는 온실가스, 특히 이산화탄소의 총량을 의미하며, 사업장에서 직접 배출하는 탄소량 외에 제품 생산 과정에서 발생하는 연료나 원자재 등으로 발생하는 간접적 탄소량까지 포함한다.

탄소정보공개프로젝(CDP) : Carbon Disclosure Project

2000년 영국에서 설립한 글로벌 비영리기구로서, 전 세계 기업의 환경경영 관련 정보 공개를 요구해 공시정보를 분석하여 투자자 및 금융기관에 제공하고 있다.

탄소 중립

배출한 만큼의 온실가스를 다시 흡수해 실질 배출량을 제로로 만드는 것을 말하며 Net Zero 라고도 한다.

톰슨 로이터(Thomson Reuters) ESG 스코어

글로벌 투자정보 기관인 톰슨 로이터에서는 기존 금융정보 외에 ESG 정보를 제공하며 투자자의 ESG 결정을 더욱 원활히 하기 위해 ESG 데이터 프로세스를 갖추고 자체 스코어(ESG Scores) 시스템을 운영하고 있다.

한국거래소(KRX)

한국 자본시장을 종합 관장하는 금융거래소이며, 2021년에 기업공시제도 개선안을 발표했다.

한국기업지배구조원(KCGS) ESG 평가

한국기업지배구조원이 국내 상장기업의 지속가능경영 수준을 점검하고, 지속가능경영 개선에 기업이 평가정보를 활용할 수 있도록 지원하기 위해 고안한 평가지표이다. 2003년 지배구조 평가로 시작되어 2011년 ESG 전 영역으로 확대되어 한국거래소 ESG 지수에 활용되고 있다.

BRT(Business Roundtable)

미국에서 가장 영향력 있는 기업 CEO 약 200명으로 구성된 협의체로서, 제프 베이조스(아마존), 팀 쿡(애플), 제이미 다이먼(JP모건) 등이 참여하고 있다.

CSR(Corporate Social Responsibility)

기업의 사회적 책임 실현을 위한 경영 활동으로서, 취득한 이윤을 사회에 환원할 의무가 있음을 주장한다. 자선활동, 봉사, 기부, 환경보호 등 기업의 사회 공헌 활동에 초점을 두고 있다.

CSV(Creating Shared Value)

문자적으로 공유가치 창출을 의미하며, 기업의 경영 시 기업가치와 사회 가치를 동시에 추구해야 함을 강조한다. 사회적 책임이 기업 본연의 경영활동과 함께 이루어진다고 보는 측면에서 CSR보다 기업의 사회적 책임을 강하게 주장한다.

ESG 투자자 이니셔티브

ESG 투자 관련 실천 방향을 만드는 글로벌 기관으로서, ESG 지표 발표 등 기업가치 산정 가능한 데이터를 제공하고 있으며, 여기서 제공하는 정보는 ESG 경영과 평가의 기준이 된다.

ESG 채권

ESG 사업을 목적으로 발행하는 특수 목적의 채권으로써, 친환경사업 목적의 '녹색 채권'과 의료, 교육, 주거 등 사회적 가치 창출 목적의 '사회적 채권' 그리고 이 두 가지를 혼합한 '지속가능 채권'으로 분류하고 있다.

FTSE4Good Index

영국의 주가지수 및 데이터 서비스 제공업체인 FTSE 그룹이 개발한 윤리적 투자 주식 시장 지수로 환경보호, 인권보장, 협력업체 노동규범 준수, 반부패 수준, 기후변화 대응 등 5가지 항목을 평가한다.

GRI

1997년 UNEP와 미 환경단체(CERES) 주도로 설립된 비영리기구로서, 기업의 지속가능 경영보고서 가이드라인을 제시하고 있으며, 이 기구에서 제시하는 가이드라인은 세계에서 가장 널리 채택된 지속가능성 보고 표준으로 꼽히고 있다.

ISO 26000

ISO가 발표한 기업의 사회적 책임에 관한 국제표준으로, 지배구조, 인권, 환경, 공정거래 등 7개 핵심 주제에 대한 실행지침과 권고사항을 수록하고 있다.

MSCI ESG Rating

주식 포트폴리오 분석도구를 제공하는 글로벌 주가지수 산출기관 MSCI에서 투자자 활용을 위해 제공하는 ESG 평가 방법론으로 ESG 공시자료 및 관련 리스크를 바탕으로 우수(Leader), 평균(Average), 미흡(Laggard) 수준 모델을 적용하여 평가하고 있다.

RE100

영국의 비영리 기구인 Climate Group이 2014년에 시작한 국제적인 캠페인으로, 기업의 재생에너지 비율을 100%까지 끌어올리는 것을 목표로 하고 있다. 영국의 다국적 비영리 기구인 클라이밋 그룹이 2014년 시작했으며, 국내에서는 SK그룹이 가입했다.

SASB

미국 증권거래위원회에 보고하는 비재무정보 공시기준 마련을 위해 설립한 지속가능성 회계기준위원회를 의미하며, 여기에서 제시하는 산업별 지속 가능성 보고 표준은 GRI와 함께 가장 많이 쓰이고 있다.

UNGC(UN Global Compact)

전 유엔 사무총장인 코피 아난 주도로 2000년 출범한 기업의 사회적 책임에 대한 국제 협약 기구이다. 2005년 UNGC에서 ESG라는 용어가 공식적으로 제시되었으며, 2006년 사회책임 투자에 대한 글로벌 이니셔티브인 UN PRI를 설립하였다.

UN SDGs

UN 총회에서 2030년까지 달성하기로 결의한 지속가능발전목표(Sustainable Development Goals)를 말하며, 경제성장, 사회발전, 환경보호의 3개 축과 5개 영역, 17개 목표, 169개 세부목표로 구성되어 있다.

참고 문헌

- 조신. 『넥스트 자본주의, ESG』, 영신사, 2021.
- 매일경제 ESG팀. 『이것이 ESG다』, 매경출판(주), 2021.
- 한경MOOK. 『ESG 개념부터 실무까지 K-기업 서바이벌 플랜』, 경성문화사, 2021.
- 법무법인 율촌, 한국지속가능발전기업협의회. 『자본주의 재편 : ESG 중점과제』, 2021.
- 대한상공회의소, 삼정KPMG. 『중소·중견기업 CEO를 위한 알기 쉬운 ESG』, 디자인 크레파스, 2021.
- 삼정KPMG 경제연구원. 「ESG의 부상, 기업은 무엇을 준비해야 하는가?」, 『삼정 INSIGHT, VOL.74』, 2021. 2. 23.
- 나수미. 「ESG 확산이 중소기업에 미치는 영향 및 지원방향」, 『KOSI 중소기업포커스, 제21-14호』, 2021. 8. 9.
- 중소벤처기업부. 「중소기업 ESG 촉진 방안」, 2021.
- 중소벤처24. 「CSR 사회적 책임경영」, 중소벤처기업부, 2022. 6. 1.
- 사회공헌센터. 「지역사회공헌인정제」, 한국사회복지협의회, 2022. 6. 1.
- 한국공정거래조정원. 「공정거래협약 이행평가」, 한국공정거래조정원, 2022. 6. 1.
- 한전 KDN. 「윤리경영」, 한전 KDN, 2022. 6. 1.
- 중소벤처기업부, 중소벤처기업진흥공단. 「중소벤처기업을 위한 ESG 경영안내서 솔루션편」, 2021.

알기 쉬운
중소기업 ESG

초판 1쇄 발행 2022년 11월 14일

지은이 현창호 · 강재선 · 김인진 · 김택민 · 배광득
펴낸이 이기봉
편집 좋은땅 편집팀
펴낸곳 도서출판 좋은땅
주소 서울특별시 마포구 양화로12길 26 지월드빌딩 (서교동 395-7)
전화 02)374-8616~7
팩스 02)374-8614
이메일 gworldbook@naver.com
홈페이지 www.g-world.co.kr

ISBN 979-11-388-1385-3 (13320)